JN405018

최옥연 수필집

# 뒤를 보며 앞으로 간다

소소리

뒤를 보며 앞으로 간다

최옥연 수필집

1판 1쇄 인쇄/ 2025년 10월 20일
1판 1쇄 발행/ 2025년 10월 25일

지은이 / 최옥연
펴낸이 / 우희정
펴낸곳 / 도서출판 소소리

등록 / 제300-2007-21호
주소 03073 서울 종로구 성균관로5길 39-16
전화 / 765-5663, 010-4265-5663
e-mail: sosori39@hanmail.net
www.sosori.net

값 14,000원

*잘못된 책은 바꿔드립니다.

ISBN 979-11-5891-223- 9 03810

최옥연 수필집

# 뒤를 보며 앞으로 간다

소소리

책을 내면서

# 기억의 강 건너에

'청담수필동호회'를 발족한 지 10년이 되었다. 10년 전의 나이 일흔, 철들어 인내의 시간을 꾸려오면서 여든 살이 되면 나의 책 한 권은 가져야지 하며, 일흔까지 견디었다. 그때 실험작을 쓰며 추억의 강물에 배 띄워 기억으로 노 저으며, 낚싯줄까지 던졌다. 3년 동안 푸른 강가에 앉아 궁리(窮理)하고 모색(摸索)하면서 잦은 미끼 던지며 『멀리 뛰는 봄』을 건졌다. 책을 품에 안아, 기쁘면서도 많은 걸 드러낸 것이 부끄러워 다음 책 꾸밀 생각을 멀리 두었다.

동호회 회원들은 10주년이란 걸 중요시 하면서 나를 본다. 오래 기다렸으니 추수할 차례임을 암암리에 눈치 한다. 올여름 더위에 뭣 모르는 척 디카시집을 내자는 의견이다. 회장과 총무, 나 셋이서 전자책에 도전했다.

70, 80은 용감했다!

시(詩)를 배울 겨를도 없이, 스마트폰으로 찍은 사진에 시어를 달아 출판에 성공했다. 팔공인 나에게는 환희이며 혁명(?)이다. 두 번째 수필집을 내는 데에까지 힘이 뻗친다. 특히 아들과 손녀가 기뻐하며 응원을 주니 손가락이 힘을 받는다.

8년 동안 건져낸 기억의 심지에 불만 댕겨 놓고 등잔걸이에 두니 바람 앞의 등불이다. '호호' 불어 살려놓지 않으니 어두운 곳에서 길을 찾지 못하는 추억의 불꽃들.

노트북을 열어 잠자는 글에 숨결을 불어댄다. 노력 없는 추수는 없다는데, 나는 거저 살아온 것 같다. 미웠던 사람, 아픔을 주었던 일, 수치스러웠던 순간, 정말 만나고 싶지 않은 사람이 한 사람도 없는 듯 지워져 버린다. 부끄럽던 시간이 '망각의 은총'이 되어 숨결을 안고 문자 하나하나에 다가가서 불꽃을 살린다.

한 작품 한 작품을 대하면서 또 목적 없는 길을 걸었구나 하며 독자님들께 면구한 마음부터 든다. 그러나 글을 쓰는 그 순간만은 그 문장을 위해 바쳤다는 뜻을 발견하고 안심하며 선별한다. 어떤 글은 과거에 있었던 사건이었지만, 실제로 현재의 나와 해후(邂逅)하고 환희를 주기도, 내 안의 것과 다독이고 사과하여 오해를 풀어주기도 했다. 참으로, 글을 쓰는 일은 지나간 것을 아름답게 반추(反芻)하고, 밉상이던 나를 예쁘게 만들어 놓는다.

글은 개인의 의견과 일상 일탈이지만, 독자의 시선이 비치면 각자의 이야기로 남으리라 믿으며 마음을 내려놓으려 한다. 이 글이 세상에 나올 수 있도록 도움을 주신 모든 분께 고마움을 전한다.

2025년 한여름에

최옥연

## 1. 홀씨 맺어

## 2. 만남의 고리

## 3. 얼룩말의 춘분

## 4. 등나무와 지빠귀

# 1.
# 홀씨 맺어

# 틈새에서 피는 꽃

임진강변 휴전선, 전망대에 오르기 위해 한 발을 첫 번째 계단에 올려놓았다. 샛노란 민들레꽃 한 송이가 내 바짓가랑이를 잡아당겼다.

'다른 꽃들은 다 가을걷이를 했는데 너는 왜….' 하며 쪼그리고 앉았다. 민들레꽃과 눈 맞추며 살펴보니, 위 계단과 아래 계단 경계에 꼿꼿이 버티고 있었다. 사진기로 인사를 나누고 이따 보자며 전망대에 올랐다.

희끄무레하게 보이는 강 건너 북녘땅, 마을 언저리를 돌아다니는 북녘 동포들, 곡식 단을 싣고 오가는 우마차를 바라보다 허망하게 내려왔다. 민들레가 생각이 나서 그쪽으로 가보았다. 민들레는 계단 벽에 바짝 붙어서 다시 찾아주어 고맙다 하며 나를 반기는 듯하였다.

'그 기운으로 씨앗 맺어, 멀리멀리 날아가 저곳에도 노란 꿈을 심어주려무나.' 틈새를 버텨내는 여린 것의 기운에 내 기원을 얹어 몇 컷 더 찍어 주고 작별했다.

내가 처음으로 꾸민 수필집을 받은 시동생이, 형수는 진즉부터 글이나 쓰지 그림을 그리 오래도록 붙잡고… 하며 아차 했는지 말끝을 얼버무리며 나를 무안하게 했다. 그럴 것이 홀시아버지를 모시면서도 그림쟁이들과 몰려다닌 젊은 형수가 마뜩잖았을 것이다. 틈새 시간 활용이라 했지만, 아버지께 소홀한 듯 보였을 것이다. 내가 나이 들어서도 하고 싶은 일을 하며 지낼 수 있는 것은, 체면을 깔고 용기와 인내로 버틴 것이 단연 한몫을 한 것이었으리라.

젊은 시절 내 또래의 다른 주부들은 여가의 틈을 활용하여 경제활동을 했었다. 나는 전업주부이면서 봉사활동 그룹을 이끌고 있었다. 그러면서 '틈새 시간'이라 정해놓고 취미생활로 그림을 그리고 있었다. 그것은 어두운 방에 우두커니 앉아있는 나에게 문틈으로 새어들어 오는 한 줄기 빛이었다. 빛에 이끌려 숨통을 틔우려 봉창 문을 열었고, 빛에 눈 맞추며 걸어갔을 뿐이었다.

코로나바이러스 감염증 19, 이름이 길 듯이 이제까지 온 놈 중에서 가장 센 놈이 왔다. 우리가 틈새를 너무 주었나. 독감도 환절기에 잠깐 왔다 가는데, 절기를 상관치 않고 파고들어 인명까지 앗아 가고 있다. 우리를 그물 감옥에 가두고 괴롭힐 줄이야 상상이나 했을까. 세상은 훗날을 기약 못 하니 혹시라도 이런 날이 오리라고 우리는 잠시라도 마음을 썼을까. 그날이 그날인 것처럼 아무런 자극도 느끼지 못하면서 안일하게 지내왔다. 그래서 파동이 더 요란하지 않았을까. 요즘 우리는 우리의 짐작보다 너무 오랫동안 갇혀 있다. 감염성 여부의 불안과 경제활동의 불안정 행동반경축소로 몹시 지쳐있다. 만남을 뺏겨버린 일상이 입에 곰팡이를 피울 것 같다. 거리 두기 생활은 이제 뉘가 난다. 짜증을 넘은 스트레스를 감내해야 한다고 말하기가 힘들다. 인내로 시간은 흐르고 하루하루는 쌓여 세월을 기록한다. 아침에 눈을 뜨면 다시 일상이라는 책무를 안고 나아간다. 긴장된 생활의 틈새에서나마 희망이라는 빛을 본다. 희망은 줄곧 그 자리에서 기다리고 있을 것이라는 일념으로 하루하루 나아가고 있다.

뇌신경은 헝클어진 말을 찾아 헤맨다. 생각이 소리와 섞이어 뭉쳐질 뿐 누군가에게 닿을 수 없다. 그립고 안타깝다. 그래도 지필묵(紙筆墨) 앞에 자세를 가다듬고 앉으면 기억의 실타래가 시나브로 풀려나간다. 입술을 열어 전할 수 없는 사연을 종이에 조심스레 풀어놓는다. 그래야만 틈새를 비집고 지켜 나온 나의 젊은 날의 눈칫밥이 헛것이 아닐 테니까. 먹물 묻은 손가락이 바쁘다. 그리고 나의 몸을, 생각을 깨운다. 그림과 글은 같은 가지에 있는가. 먹물 묻은 손가락이 누르는 자판 하나하나가 흐트러진 내 마음, 네 마음 모두의 마음을 엮는다. 나이 든 힘으로 한 문장 한 문장에 단어도 간추려 다듬어 넣고. 얼굴의 주름살을 가꾸듯 문장을 쓰다듬고 어루만진다. 글쓰기와 그림 그리기에 마음을 빼앗기면 시간이 어디로 갔는지. 그러잖아도 나이 들어 도망가는 시간 잡기에 바빴는데, 지금 나의 시간은 주름진 모퉁이를 헤맬지라도 여유롭고 평화롭다. 틈새에 새어드는 빛이 더 간절하고 밝듯이 그 빛에서 빛을 받아 되쏘려 한다.

'모든 꽃은 피워내기 위해 온 힘을 기울인다.'고 누가 그랬다. 나의 글은 작은 풀꽃에 지나지 않지만 늦게나마 이름을 달았다. 글꽃을 피우기 위해 내 심신의 미약한 기운일망정 모두 끌어당긴다. 독자의 시간을 낭비하지 않도록 해야 한다는 누구의 충고를 챙겨 새기면서.

# 내 청춘의 실루엣

가을이 짙어진 언덕, 자전거를 쉽게 끌어 오르내리도록 만들어 놓은 계단 경사면에 초록색 암사마귀가 숨 고르기를 하고 있다. 축지(縮地)법을 써야 할까? 하는 듯, 쏘아대는 눈빛이 하도 강렬해서 눈길을 피했다. 지나던 사내아이가 막대기로 살짝 건드렸다. 갈까, 말까, 엉거주춤한 몸짓으로 간신히 힘없는 펀치 하나를 던졌다. 잠시 주춤거리더니 푸른색 자전거 길을 넘어 활짝 핀 코스모스밭으로 갔다.

나는 스무 살의 정상을 바라보며, 트렌치코트를 맞추었다. 같은 취향을 가진 친구와 함께 어머니들의 단골 부티크에서 골랐다. 폭을 넓게, 아무 장식 없이 깔끔하게 지었다. 초록색 플란넬 코트를 펄럭이며 나타난 나에게 어머니는 '날아가는 사마귀 같다'라며 사랑스러운 눈길을 주었다. 나는 발끈했다. 날카로운 내 청춘이, 시퍼렇게 팔랑대는 코트 속에 지나치게 센 기를 감추었을까. 단점을 지적하면서도 부드럽게 말했던 어머니의 마음을 왜 이제야 느낄까? 내 청춘의 트렌치코트가 그립다.

아까 계단에서 보았던 초록색 암사마귀가 생각났다. 강한 초록빛으로 현혹한 암사마귀는 자기 모습을 그려달라는 것이었을까? 그 사마귀는 몸집이 크고 배가 누렇다. 늦둥이를 가졌을까? 그래서 초록빛드레스가 그렇게 아름다울까? 엉거주춤한 동작이지만, 톱니 달린 큰 앞발, 한번 물면 놓아주지 않겠지, 오죽 사납고 강해 보였으면, '당랑권(螳螂拳)'이란 별칭으로 무협지 속의 협객들이 탐해 갔을까.

암사마귀는 아름다운 초록빛드레스를 걸치기 위해 여덟아홉 번 탈피한다고 한다. 초록빛드레스(날개)에 사선으로 그어진 그물무늬는 신비스럽다고 표현해야겠다. 안에 받쳐 입은 페티코트(안겹 날개)는 흐린 연두색이다. 비단처럼 부드럽게 모시처럼 고상하게 비치면서도 요염했다. 몸속에 품은 알을 위해, 수컷을 먹는 속성이야 어떻든, 비상할 때의 모습은 마성을 감춘 여신이다. 비상하는 아름다운 시절을 보내고 어미가 되어 해산하려는가 보다. 알이 겨울을 잘 나도록, 나무의 일부인 양 단단한 알집으로 나무에 붙여 놓아야 한다. 그리고 어미는 섭리의 녹색 계절 뒤로 사라진다. 사마귀는 집안에 들여놓아 생육 조건을 맞춰주면, 겨울을 살아남아 한 해를 더 살 수 있다고 한다. 한 번의 생으로 성이 차지 않아서 혹여, 나를 보던 눈빛이 그리 보였을까.

여인들은 끊임없이 치장하고 변신한다. 나는 옷에 대한 그리움을 항상 갈구한다. 주체하지 못할 정도로 편집(偏執)할 때가 있었다.

진실을 말해주는 거울 앞에 섰다. 세월의 탈피와 변신으로 엉거주춤해진 실루엣, '이 몸에 무슨 옷인들…' 하며 낙심으로 고개를 젓는다. 거기에는 주름살 지도가 그려진 낯선 얼굴에 비감 어린 눈동자가 허한 마음 달랠 길을 찾고 있었다.

젊은 날에 화려한 것을 좇아 여러 예술에 외눈을 팔았다. 시간과 재물을 많이 할애했었다. 투자한 만큼 쥐어보지 못해 허전한 마음으로, 주춤거리며 억지춘향이 춤을 추고 있던 것은 아니었을까. 화려한 명예나 화관에 파묻혔더라면, 지금 사마귀의 표정 같은 것은 안중에도 없을 것이다. 아무리 내가 좋아하는 초록색 코트를 걸쳤다고 사마귀에게 연민을 가졌을까? 더구나 달려들까 두렵고, 보기도 싫어 빠른 걸음으로 피했을 것이다.

왜 그 모습을 문자(文字) 고리에 걸었을까. 나이 들어, 다행히 부드럽고 애잔한 정서를 길어 올리는 여유가 생기기 시작하나 보다. 그 자리에 여유로운 표정이 보인다. 이제 미세한 것까지도 잘 보이는 마음의 창을 열어 본 때문이다.

이 수상한 행위, 수천 번 입었다 벗었다 요사 떨던 황홀한 사치의 흐린 물속을 들여다본다. 물밑을 휘저어, 파며 추억을 줍는다. 곁을 주고 화해하여 문자(文字)로 수(繡)를 놓는다.

# 그림자봉헌

한국 순교복자 성직 수도회, 제주도 서귀포 『면형의 집』에서 '우하하(우리는 하느님 안에 하나) 순례단'의 마침 미사. 입당송이 끝나고 봉헌 내용과 봉헌자를 호명하시는 신부님께서 무기명 봉투를 보시고 누구신가요, 누구를 위한 거냐? 나는 모두 봉헌했으니 아무것도 원 하지 않겠다는 듯 천천히 도리실했다.

평소에도 무기명으로 자주 봉헌한다. 기도 시작에도 무기명, 끝에도 누구를 위(爲)하지 않고 기도가 가고 싶은 곳으로 갔으면, 하고 성호경으로 마칠 때가 많다.

'하느님께 받고 싶은 것이 있으면 크게 외치라'며 나의 이런 행위를 성의 없다고들 하지만 믿음으로 바친다. 어떤 이는 이런 나를 교만 덩어리라 하기도 한다. 교만해야 할 이유나 조건이 없는 나는 바라는 것이 하도 많아 그러는 것일까?

기도하며 묻고 답하고, 무덤덤한 인생인가 하면 그것도 아닌 듯하다. 열정적인 봉사활동 쉬지 않았고 부르심엔 즉시 응답했다. 물 흐르듯 자유롭게 순조롭게 흘렀을까?

물결에 돌 구르는 소리, 바위 깨지는 폭음이 들리는가 하면, 온몸이 폭삭 무너지는 몸서리치는 시기도 있었지만, 흘러가고 넘어가고 올라갔다. 그림을 그리면 그리는 대로, 노래하면 하는 대로 운동하면 그대로 행복했다. 이제는 글을 쓴다. 잘 쓰는 것은 아니지만, 시작하면 수월하게 끝맺는다.

순례하며 머무는 곳마다 봉헌 제목을 달아 넣으며 지나왔다. 80년 은혜받았으면 만족해야 할 텐데, 이웃에게서 받은 것들을 되돌려주기 위한 것이기도 하다. 하느님께 드리면 또 다른 이에게 돌아가니 유용한 것이다.

A에게서 받았으면, B에게 주고 B는 C에게 보내는 인생사가 얼마나 아름답고 합리적인가! 봉헌할 때마다 그들의 행위를 봉헌했다.

받은 것은 무엇일까? 여든 인생 받고 살았으면서도, 지금 은총 안에 있으면서도 잊었다니. 남에게 준 것은 마음에 남아있고, 받은 것은 쉬 잊힌다더니만….

순례 떠나는 날, 첫새벽에 친구에게 문자했다. 지금 공항이다. 홀로 제주도에 성지순례 간다고 하니 그림자와 함께 다니라고 한다. 안됐나 싶은지 곧장 내가 그림자 되어줄게, 한다.

가슴에 있던 덩어리 하나 쑥 내린다. 이 근래에, 하느님께서는 소녀 시절에 깨뜨렸던 순정의 거울을 짝 맞추어 화해의 의미로 되돌려 주셨다. 순례하는 내내, 옛 그 친구를 위해, 또 많이 아픈 친구를 위한 기도를 함께 바치며 미사 올렸다.

바닷가 성당, 바다 수영을 하고 오신다는 신부님의 맨발을 감싼 샌들, 예수님의 발이 저 모형이었을까? 깡마른 발 그리고 석양에 비친 긴 그림자, 2000여 년 전 그분 모습을 그려보는 느낌이 하늬바람처럼 스친다.

신부님과 웃으며 마주한 고백성사, 평생 처음 얻어 본 명쾌한 깨우침, 이밖에 알아내지 못한 죄에 대한 자비(慈悲)의 사죄경(赦罪經). '나는 자유다!'라고 속으로 외쳤다.

소녀 시절의 순수한 우정, 그 모습 안에는 하느님만이 아시는 진실의 얼굴이. 그 얼굴 간파하시고 60여 년 삭아버린 세월을 개의치 않으시고 해후(邂逅)의 자리를 마련해 주셨다. 이처럼 아름답고 의미 깊은 성지순례의 기회가 다시 올지 모르겠지만 오늘의 화해(和諧/和解)는 환희의 선물이므로, 나의 세상이 이대로 끝이어도 좋다.

미사 후 제의를 입으신 채 연주하시는 플룻의 흐느낌은, 숨죽은 듯 잠잠한 성전의 공기를 모았다, 풀어놓았다 한다. 영화 '미션'의 주제곡 '넬 라 판타지아'는 천상에서 울려 퍼지는 듯 머리끝에서부터 찌릿찌릿 내려 저린다.

그림자는 사물의 모형이다. 속성은 보여주지 않지만 좋은 것만 있는 것처럼 보여주는 듯 희끄무레 치장한다. 그림자는 빛의 뜻이기 때문에 본인도 속속들이 알아채지 못한다. 그때그때마다 다른 모양, 다른 감정을 품고 나타난다. 그림자는 사물의 모든 것을 숨겨주고 덮어주며 감싸준다. 사라지면 그만인 것 같지만, 그림자는 우리를 괴롭히기도 후회하며 새로운 마음으로, 다짐하게도 그리워하게도 한다.

어떤 신부님은 '그림자까지도 부끄럽지 않게 살겠다.' 하였던가….

# 그리움을 함께 달였다

40여 년 한동네에 살면서, 오미(五味)를 나누어 맛본 친구들이 모였다. 케케묵은 얘기에서부터, 요즘 음력 정월이라 장 담그는 일도 걱정거리다. 나는 장 담그기를 사십여 년 어느 한 해도 걸러본 적이 없다. 한식의 기본 밑간은 간장이라는 할머니 말씀을 믿었다. 간장 담기는 엄동설한(嚴冬雪寒)을 이기고 비켜 간, 음력 정월 그믐께 말(馬) 날이 좋다 한다.

60여 일 익혀서, 강남 갔던 제비가 돌아오는, 삼월 삼짇날을 전후해서 된장과 간장으로 가른다. 가는 체로 거른 간장을 가마솥에서 용솟음치게 달여, 오지항아리에 붓는다. 뜨거울 때 뚜껑을 덮으면 간장색이 짙어지고 식힌 후에 덮으면 맑은 장이 된다. 더불어 손맛을 타고났다면 일품 간장이 될 것이다. 서울로 오면서, 친정의 씨간장을 2000cc 가져와 보물처럼 간직했다.

결혼한 지 4년 되는 해에, 처음 간장을 담갔다. 배우지는 않았지만, 어릴 적 안채 뜰을 오가며 눈요기 귀띔으로 머리에 담아두었다. 서울에서는 항아리에 금(禁) 줄 칠 지푸라기를 구하지 못해 결혼할 때 모아두었던 청, 홍 비단실에 솔잎과 숯을 엮어 항아리에 둘렀다. 날마다 옥상 장독대에 올라가 물과 메주와 소금의 조화를 본다. 햇볕으로 익어가며 변하는 동그란 물속에 싸늘하고 파란 하늘이 보였다.

어느 날 옥상에서 내려오다, 대문을 들어서는 청년을 보고 놀라서 굴러 떨어질 뻔했다. 10년 전에 만났던 그 소년이, 청년이 되어 왔다. 점심을 해 먹였다. 무슨 말이 오갔는지는 전혀 기억이 없다. 헤어진 햇수로나, 현재의 모습을 보니, '잘 컸구나' 하며 어림짐작하고 흔연스럽게 보냈다. 그의 뒷모습에 회한을 가득 씌워 보냈겠지. 그를 보내고 외갓집에 갔다. 마지막 친정 나들이 온 어머니에게 매정한 말을 쏟아냈다. 돌아서는 나에게 60년이 지난 후에나 만나보라며 위로인지 유언인지 뜻 모를 말을 남겼다. 정성을 들이던 그 간장은, 화가 난 듯 아래에서 위로 솟구쳐 뒤집히며 섞였다 갈라 졌다를 반복하며 곯았다. 어두운 기운과 지독한 냄새가 뜰 안을 휘감았다.

한 달 뒤에 어머니는 세상을 떴다. 쉰다섯에 세상을 떴으니, 명이 그뿐이었던 어머니는 내가 팔십까지 살 수 있으리라는 생각을 할 수 있었을까?

첫 번째 장 담그기에 실패했어도 해마다 간장을 담갔다. 간장을 담가 삭히면서 일조(日朝)에 따른 변화를 보며, 내심(內心)

부끄럽게 하지 않으려고 끓는 간장의 용솟음에 그리움을 쏟아 넣었을까? 그리움이 함께 달여지며 하늘에 닿았을까. 어머니의 유언대로 일흔아홉에 그 소년을 다시 볼 수 있게 되었다.

환희! 주름살이 미소를 그렸고 보조개로도 보였다. 그 많은 상실의 날을 받아들일 수 있었던 것은 순수한 마음이 자리한 때문이다.

그 뒷자락에 고통이 자리 잡았지만, 소년이 빛으로 왔다 하니 고통 끝에 평화의 신비가 차지하리라 믿는다.

고희를 넘겨 삼성동을 떠나며, 이제 간장을 담글 수 없으리라는 생각에 메주 두 말(斗)을 담갔다. 잘 익혀서 씨간장과 함께 달여 2000cc의 병에 담아 간직했다. 나머지는 내 간장을 좋아하는 지인들에게 주었다.

결혼 20주년이 되어가는 며느리, 내 간장을 좋아하더니 이제는 말도 꺼내지 않는다. 안사돈은 시어머니의 장 솜씨를 전수하라 했다는데, 배우려 하지 않는다. 이제는 세대 간의 입맛이 변했고, 각종 해산물 액젓이 개발되어 음식 간 맞추는데 어렵지 않게 된 때문이겠지. 나도 장 담그기를 외면한 지 10년이 되었지만, 이때가 되면 잘 뜬 노란 메주에 눈길이 간다. 모임에서 돌아와, 씨간장을 꺼내어 새끼손가락에 찍었다.

맛나게 짜다. 고소하고 달보드레한 뒷맛이다. 요즘, 나의 일상처럼.

# 다래끼

눈꺼풀이 늘어지면서 시야를 가린다. 윗눈꺼풀의 속눈썹 뿌리에 다래끼가 생겨 아랫눈꺼풀을 찌른다. 커지면서 더 심해졌다. 그러다 돌쩌귀처럼 짝맞아 버리면 어떡하나, 속눈썹을 뽑아 보라고 한다. 눈썹과 함께 종기가 뽑힐까?

네댓 개가 따라 올라왔다. 그러잖아도 작은 눈에 눈썹마저 줄어드니 표정조차 희멀겋다. 쌍꺼풀수술을 하라 한다. 더 예뻐지고 싶지 않다고 어깃장을 놓았다. 이왕 한 김에 그러라 한다.

다래끼가 줄달아 나면 부자가 된다는 우스갯말도 있었다. 터울 많은 잘생긴 남동생은 다래끼가 자주 생기면서 컸다. 깊은 시골이라 할머니는 단방(單方) 법을 썼다. 소뿔의 화각(火角) 빗을 길이 잘 들어 매끄러운 죽석(竹席) 방바닥에 문질러 열이 나게 한 다음 다래끼를 지졌다. 남동생은 자지러지게 울며 발버둥을 쳤지만, 몇 번 그러고 나면 다래끼 알맹이는 사라졌다.

기억은 자기의 생각대로만 박히니 전적으로 믿을 수 없다지만, 할머니의 치료(治療?)를 자주 받은 남동생은 쌍꺼풀눈이 되어 더 잘나 보였다. 내 눈에도 다래끼가 생겼으면 쌍꺼풀이 되어 예뻐질 건데 하며 잘생긴 남동생을 부러워했다. 하지만 다래끼가 자주 생긴다는 것은, 치료되지 않았다는 것이겠지, 생각하며 다래끼는 손절했다.

백내장 수술을 할 때, 쌍꺼풀도 하라 한다. 싫다 했다. 완쾌된 후 따뜻한 안대로 찜질을 했다. 눈 뜨기가 부드럽고 시야가 맑아 새로운 세상을 만났었다. 그때 쌍꺼풀 수술을 했으면, 지금 다래끼는 생기지 않았을까? 할머니의 화각 빗 민간요법을 내 다래끼에 활용해 보아야겠다.

촛불 꽃에 화각 빗을 달구어 식힌 다음 눈꺼풀에 대어보니 따끔하지만 시원하다. 내 손으로 내 눈에 하는 것이니 온도 맞추기가 수월했다. 다래끼가 곧 시들어지기를 바라며 한 달 가까이 그러고 있었다. 다래끼가 점점 줄어들었다. 알맹이가 없어진 듯 찌르는 느낌이 없다. 그래도 뿌리를 뽑겠다고 한 달여, 가끔 그렇게 했더니 소멸이다. 2년이 지났는데 재발하지 않는다.

병원에 간 김에 주치의에게 다래끼 얘길 했더니 "눈썹 뽑기요?" "할머니의 화각을…." 했더니 "다음에는 그러지 마세요." 한다. 하지만 내 몸이 직접 체험한 증명이다. 실험기록을 남기지 않았을 뿐이다. 비과학적이라는 생각을 하기도, 다시 생기면 어쩌나 하는 우려도 있다. 다래끼가 사라져 눈이 예뻐진 동생의 모습을 생각하며 자꾸 뒤를 돌아본다. 나의 믿음에 믿음을 더 해주려고 관리를 철저히 하고 있다.

숙종 때, 유상(柳商,相)이라는 의관이 한양으로 오는 길에 묵은 유곽에서 훔쳐본 오래된 의서에 '시체 탕(柹蔕 湯)'이 천연두에 특효 하다는 부분을 읽다가 주인이 들어오는 바람에 다음 부분을 놓쳤다. 한양성 문안 골목에 들어, 노파들의 대화 중에 얼굴에 천연두 자국이 있는 손자를 업은 할머니의 시체 탕(마른 감꼭지 닳인 물)을 먹고 나았다는 말에 귀가 번쩍 뜨였다. 유곽에서 보았던 의서의 어렴풋한 내용과 노파들의 한담을 조합하여 숙종의 천연두를 고쳤다고 한다.

어느 집 앞을 지나다, 쌀뜨물을 왜 두부 옆에 두었느냐고 며느리를 나무라는 시어머니의 말을 들었다. 그즈음에 두부를 드시고 급체하신 숙종을 쌀뜨물로 치료했다는 이야기를 할머니에게서 들은 적이 있었다. 예전에는 안채의 실생활을 주도하는 여주인들이 반 의사 역할을 했을 법하다. 옛 아녀자들은, 구전을 통해 들은 얘기로 내 앞에 당면한 일들을 처리하며 가슴 저림을 대충 채울 수밖에 없었을 것이다.

내 할머니는 시대를 잘 타고났다면 선구자가 되지 않았을까? 그나마 종가의 종부가 되어 여느 촌부(村婦)들보다, 들으면 들은 대로 실생활에 접목 내지, 응용 실험하는 단계를 밟을 줄 아는 지혜를 가졌나 보다.

개화기에 한의학을 하신 셋째 할아버지께서 한약방을 열었지만, 서당 운영에만 열정을 보여 약방은 흐지부지되었다. 집안에서 소용되는 소화제를 짓기 위해 남동생의 새벽 소변을 받아가는 일이 종종 있었다. 나는 셋째 할아버지가 지은 소화제를 먹지 않았다. 일련의 일들을 겪으며 그분들과 함께 숨 쉬어온 시절을 뭉개버린 기억이, 그분들을 뵈러 갈 나이가 되어 스치듯 추억할 수 있다니 얼마나 다행인가. 옛 어른들은 감기몸살이라 느껴지면, 쌍화탕을 먹고 이불을 푹 둘러쓰고 한잠 자고 나면 거뜬해지는, 이열치열(以熱治熱) 요법을 했다고 한다. 우리나라 노년들이 지금도 하는 간단한 방법으로, 몸살에서 빨리 해방된다.

요즘 봄바람 때문인가, 꽃가루가 날아들어서인가, 다래끼 있던 눈이 자주 까끌까끌하다. 거울을 보니 생긴 것 같기도, 아닌 것 같기도 해 흐려 보인다. 나이 든 나의 피부는 두꺼워 화각 치료법이 통하지 않은 것인가? 분명 사라졌는데.

현시대에 살고 있으니, 시대적 환경에 맞추어야 하는가, 자꾸 거울을 보며 다래끼를 찾아내려 애쓰는 노파심.

# 비(雨)웃음

가을비치고는 많은 비가 내렸다. 우리가 잠든 사이 빨간 단풍나무 아래에는 진홍색으로, 은행나무 밑에는 노란 융단을 깔았다. 오늘 이 길을 걷는 이들은 이 현상 자체로만은 자연이 주는 귀한 대접을 받았다. 초록색 수양버들잎이 한두 잎씩 끼어들어 노랑 빨강 단풍 든 얼굴을 비웃는다. 어린 것이 그새 떨어졌느냐고 단풍잎도 대꾸하는 듯. 비, 구름, 바람이 온통 땅과 물을 버무려놓았다.

하늘이 훤히 비치는 비닐우산에 떨어지는 빗방울 소리, 발걸음 사이사이 박자감을 더한다. 우산 위에 내려앉은 빨간 단풍잎이 내 얼굴을 들여다보며 웃는 듯하다.

비웃음인가? 비의 미소인가.

육십여 년 전 처음 나간 배구동아리 미팅. 여학생은 내가, 남학생은 이웃 학교 학생회장이 주선하였다. 눈 맞은 커플과의 데이트에 갑자기 세게 내리는 비, 우산에 떨어지는 빗방울 소리가 집중력 떨어뜨린다며 삐져서 가버린 그 친구. 왜? 그냥 보냈냐고 빗방울이 비웃었다. 다음에 사과하며 돌아왔지만 나는 입술 삐죽이며 코(鼻)웃음 치듯 돌아섰다. 일면식이 있었기에 허물없다는 생각이었을까, 다른 친구 소식은 가끔 들리는데 그는 그림자도 없다.

한지(韓紙)에 기름 먹여 만든 종이우산을 때리는 투박한 빗방울 소리가 신경을 건드렸을까? 아, 그도 피아노의 저음을 싫어했었지.

만추에 폭우가 내린 것은 100여 년 만이라 한다. 하늘은 천둥과 번개로 대지를 비웃는가! 그러면서 기르고 맺는다. 잘 여문 낟알을 거두어 갈무리한 다음 바람과 물로, 생장을 끝맺음한 찌꺼기들을 치워주었다. 사람들은 피해의 많고 적음을 눈앞의 것에서부터 계산한다. 남은 것 없이 휩쓸려 간 도심, 인명피해! 무너진 방천둑. 지적, 물적 피해복구비용이 천문학적일 것이라 나발 분다. 근심 걱정은 인심(人心)에 잠시 머물다, 모래성 무너지듯 스르르 파도 타듯 따라간다. 그리고 열심히 연구하고 일해서 다지고 세우고 쌓는다.

태풍에 바다가 뒤집혀서, 사라져야 할 묵은 것은 없어지고 남아야 할 것은 살리는 자연현상으로 주위환경이 순환되듯, 내게는 우기(雨期)의 습(濕)이 주는 부종에 따른 통증이 잠시 삭풍에 삭은 가지 솎아지듯 사라진다.

하 시절 보내는 아쉬움인가, 만추를 떠나보내는 낭만의 조각들인가?

빗물에 휩쓸려 떠내려 온 쓰다 버린 부산물, 사람들이 애지중지했던 것일 텐데, 의지가지없이 물에 둥둥 떠 흔들리는 모양이 애잖다. 그러다가 서로 소용돌이치며 나뭇가지에 걸려, 바위에 얹혀, 엉키고 쌓여 섬이 된다. 내 인생 고비마다 내 가슴에 들락거린 감정 뭉치들 같다. 자연 안에 인생 있고, 인생을 자연에 비추어 살 듯, 그 섬에도 또다시 장마로 쓸려온 토사(土砂)가 유입되면 경작지가 되겠지. 유기물이 발동하여 생명의 씨앗이 날아들어 자리 잡고 새들도 깃들 것이라 상상하며 희망을 품는다.

갈대와 억새만이 고개를 꼿꼿이 들고 일어선다. 이리 불면 이쪽으로 저리 불면 저쪽으로, 부는 대로 산들산들 흔들흔들 바람을 잘도 탄다.

폭우로 어수선한 만추, 물길 따라 바람 따라 순순히 고개 숙인 자연의 순리에 이제는 평온한 마음으로 지나간 생을 관조한다.

잘 흔들리는 것도 어울림의 기교이며 균형 맞춤이다. 힘든 고비마다 유연하게 잘 흔들리며, 형평 맞추어 살아온 나의 일생, 높은 곳은 바라보며 추앙하고, 낮은 곳은 덧씌워서 다져주며 바른 기둥 세웠을 것이리라…. 구름이 흩어지며 햇빛에 비친 여우비가 나의 속내를 비웃는다.

# 녹두밭에 앉지마라

선배가, 졸업한 지 육십여 년이 지난 중학교 교가 악보를 보냈다. 누런 갱지에 작곡, 작사가의 성명이 또렷한 악보를 보니, 가사와 음률이 합하여져 입안에서 감감 맴돌았다. 친구에게 전화하여 교가를 불렀다. 그는 페르귄트 모음곡 중 많이 알려진 솔베이지 노래를 나에게 보내놓고, 혼자 웃었다며 아직도 웃음기가 가시지 않은 목소리다. 웃음이 나올 음악인가, 괜히 얼굴이 화끈거린다.

이 소곡이 배경음악이 되면서 교가 악보에 음악선생님의 얼굴이 오버랩 된다. 희끗희끗한 긴 곱슬머리. 잔주름이 지어주는 다정한 눈웃음과 마주한다. 선생님은 음악에 소질이 없는 소녀를 학생주관의 행사 때마다 애국가봉창의 지휘를 맡겼다. 그로 인해 박자감을 익히고, 악보 읽기와 음표, 장단조를 빨리 배웠다 애국가의 4분의 4박자를 시작으로 다른 음악을 지휘할 수 있었다. 특별활동시간에는 솔베이지 노래의 서사와 작곡 배경을 알게 되고, 솔베이지의 노래도 배웠다.

그 겨울 지나고
봄이 오면~
그 여름이~
시들어 세월 흐르네
그대 돌아오리라~
나 기다리겠네~
신은 항상
그댈 도와주리라~
마음 모아서
기도하면 도와주시리~

가사의 슬픈 내용과 애달픈 음률에 가슴앓이 했었다. 단박에 '사랑의 완성은 죽음'이라고 새겼을까. 그런 사랑은 아름답기에 더해 음악이나 소설이 되어 길이 알리게 되지만, 슬픈 사랑의 주인공은 되고 싶지 않았다. 그래서 소녀는 사랑이란 걸 하지 않기로 마음에 담았다.

사랑하는 페르귄트와 솔베이지는 가난 때문에, 평생 떨어져 살다가 백발이 성성해서야 만난다. 그날, 고생에 지친 페르귄트는 솔베이지의 무릎에서 생을 마감한다. 슬픔을 기도처럼 노래하며 운명을 함께하는 연인 솔베이지. 그런 사랑의 주인공은 예술작품에서나 보았지 평범한 사람들의 이야기는 아닐 것이라지만. '사랑의 완성은 죽음'이라 미리 못 박은 소녀는 1960년대에서 2025년에 이르렀다. 육십여 년 전 녹두꽃 같던 여고 시절, 파랑새 같은 소년과의 인연은, 이미 한 갑자를 돌아 이끼마저도 말라 까만 바람벽이 되어버렸다.

새야 새야 파랑새야
녹두밭에 앉지마라
녹두꽃이 떨어지면
청포장수 울고 간다.

물보다 부드러워 티 없이 맑고 뽀얀 것이, 혼자서도 야들야들 손댈라치면 지가 먼저 수줍은 듯 바들바들. 청포는, 참기름과 김 가루, 깨소금만 있으면 입맛의 감정이 부드럽게 평정된다. 모양으로는 화합이고 체내에 들면 소화기관을 편케 해준다고 한다.

탕평채 빈대떡 녹두죽을, 좋아해서 먹는 건지 파랑새를 생각하는 것인지, 사시절(四時節) 가리지 않는다. 생녹두를 갈아 세안 비누 대신 쓰기도 한다. 아직도 파랑새는 녹두비린내를 기억하고 있을까? 여전히 녹두꽃은 그때처럼 피고 지고, 또 피어, 망울 맺는다. 오뉴월 땡볕에 알알이 익어 터질 듯 가득 찬 까만 자루 주머니.

모난 알맹이, 빼꼼한 하얀 눈, 답답한 가슴 툭툭 터져 사방팔방 돌고 돌아 녹두밭에 지천으로 싹 터 자라 꽃핀다.

어딜 가서 너를 찾나, 그리움 타는 순수(純粹)한 정(情) 하늘에 닿았을까? 백발(白髮)이 된 파랑새, 빛바랜 녹두꽃 찾아올 줄이야, 그것도 천 리 타향 천만 인구 중에서.

'깊고 간절한 마음은 닿지 못할 곳 없다.'더니 별빛의 인도인가, 꽃향기 따라 왔을까, 소녀의 옛집 꽃담에 늘어진 능소화 덩굴 부여잡고 왔을까? 이제는 노소녀(老少女)의 독백이 남아있을 뿐.

# 뒤를 보며 앞으로 간다

무더위가 극심한 날, 사순이라는 늙은 암사자의 탈출 사건이 있었다. 높은 산 위에 있는 사설동물원에서다. 낯선 땅에 와서 오랫동안 갇혀 버티어 살았지만, 이제 마지막이라는 느낌이 왔을까? 문밖으로 사라지는 사육사의 뒷모습을 따라 철문을 밀어보니 열렸다. 걸어 나오면 그만이었던 것을….

친구에게서 온 전화, 며칠 집을 나왔다가 지금 들어간다며 들뜬 목소리다. 믿을 수 없어 정말이냐고 몇 번이나 다그쳐 물었다. 부모님이 그리워서 견딜 수 없었다. 가족들에게도 말하지 않고 기차 타고 버스 타고 심심산골 산소에 갔다 오는 길. 몸에 무리가 와서 시내 병원에서 치료하고, 잃어버린 전화기를 찾으러 되짚어간 산행길. 그때, 상석 아래에서 울어대는 전화벨 적막강산을 깨우더라 한다. 허리 통증도 잊고 기어가 받으니 내가 보낸 신호가 끊어졌다고. 용기 내서 결행한 네가 부럽다. 조심해서 오라며 끊었다.

산등성이에 누운 편안한 암사자 그림을 보니, 우리 할머니가 생각난다. 외출이나 가출, 탈출은 내 의지로 갔다가 다시 집에 올 수 있지만, 여인의 '출가'는 살았던 곳으로 다시 돌아오지 못했다. 참고 참아 공동체의 고리를 운영하며 지켜야 한다.

할머니의 일생을 왜 산등성이에 누운 암사자와 대비시키는 것일까. 이팔청춘에 출가하여 대종가의 종부가 되었다. 본인의 의사를 0.001%라도 내비칠 수 있었을까. 종택에 들어가 존경받을 수 있도록 바른 생활하여 정경부인처럼 되어야 한다는 일념으로 여인으로서의 모든 것을 바쳤을 것이다. 여린 몸에 억지 여걸로 가솔(家率)을 모으고 이끌었다. 용맹한 암사자처럼 본능의 의무를? 사람에게는 윤리 법도가 있었지! 할머니는 자태 그 자체로 식솔들을 압도하는 기운이나 보였을까.

영정사진 속의 표정, 찡그린 것인지 웃는다고 웃었는지 구분할 수가 없다. 생전에 며느리와 손자를 바라볼 때는 온몸으로 웃었다. 할머니는 내가 열네 살이었을 때, 평안한 모습으로 마지막 출가를 했다. 대 종부에게 예를 표할 수 있는 친인척들은 모두 모여들었기 때문에 9일장을 지냈다. 흰 꽃상여를 만들고, 먹을 갈아 쓴 만장을 이십 리 길을 휘날리며, 선산 중턱 할아버지 오른쪽에 누우셨다. 할아버지 왼쪽 발치 두어 자 아래에는 작은할머니가 먼저 자리 잡았다. 작은할머니는 혈혈단신(孑孑單身) 든 침모(針母)로 소생이 없었다고 한다. 이런 기억을 유추할 수 있는 것은, 할머니의 삶이 가문의 영욕에 매인 인고였을 것이기 때문이다. 어렸지만, 귀에 들리는 식솔들의 수군거리는 느낌이 알게 모르게 내 안에 스몄기 때문인가 보다.

근현대 여성으로 혼란의 시대를 거쳐 온 어머니의 출가는 외로웠다. 봄바람이 매화 봉오리를 얼리듯, 녹이듯, 장난치듯 놀려대는 날이었다. 어머니의 임종을 맞이한 동생의 외마디를 들판의 일꾼들이 들었다. 천 리 떨어져 있는 나는 꿈에서, 베옷 입은 작은할머니를 만났다. 말없이 냉정하게 뒤돌아서 가버렸다. 그나마 그런 모습으로 인연이었다 함을 보여주었을까. 육친은 아니었어도 나의 할머니임엔 틀림없으니까, 내 육친의 변고를 알리러 다녀가셨나.

어머니는 움직이는 그림처럼 살았다. 화려한 도시에서 공부만 하고 살아온 신여성이 강촌으로 시집왔다. 온 동네 여인들의 선망이었고 구경거리였다. 어머니는 서울 친정에 평생 세 번 갔다. 젊어서 익힌 신학문으로 교육을 베풀고 농민들을 계몽하였다. 학부모 노릇 하며 본인의 얼굴로 하는 말이니, 눈치 볼 것 없이 자식들에게 사랑한다는 표정은 자주 할 수 있었다. 평생 부엌일을 해보지 않은 어머니는 세상 떠나는 날 아침, 아래채 대모에게 장을 보게 하였다. 손수 음식을 준비하여 문상객들의 주안상에 올렸다. 대모는 다리 뻗고 서럽게 울었다. 어머니는 하늘에 있는 집을 확신하였고, 출가의식은 성당에서 하였다.

출가는 가문과의 결합과 자손의 번창이기에 떠들썩한 축복, 그리고 인고의 희생을 감내해야 했다. 현시대에는 아니면 아닌 대로 출가 때의 약조를 파기하고 다시 '나' 홀로되어 돌아오는 평등 시대가 되었다. 그사이에 끼인 세대인 나는 자주 일탈이나 가출을 꿈꾼다. 오십오 년을 부부의 연으로 살았으나 왜 이 사람과 가족으로 살고 있는지, 지금 있는 이곳이 내 집이 아니다. '나'가 '너'이며 '자식'으로 나를 표현하는, 남편 나무 그늘에서 쉬는 그림자. 그래서 나는 남편 나무에 묻혀 가는 그림자.

홀로 외출한 후면 집에 오는 길목이 항상 낯설다. 마음 편히 외출할 수 없어, 항상 뒤를 걱정하며 살았던 나, 그럴 때면 공원 벤치에 앉아 나를 찾다 찾다, 빈 마음으로 또 일상이 계속된다. 불편함을 모르고 살아왔으나 육신의 진은 다 빠지고 정신은 맑다. 뒤를 보며 앞으로 가는 나의 인생은 또 무엇을 더 바라고 있을까?

어느덧, 두 번째 출가를 기다리는데, 넓고 깊은 추억과 짙은 그리움이 온몸을 휘감아 온다. 저 너머에서 누가 나를 기다리기나 하는지….

# 그 이름을 부르는 기도

영성체를 하고 들어오는 자리, 네다섯 살쯤 된 남자아이가 양반다리를 하고 의자 위에 동그마니 올라 앉아있다. 아이는 또렷한 인상이며 아이다운 티가 있지만 단정하고 의젓하다. 너의 부모는 누구니? 눈빛으로 아이와 눈을 맞추며 눈웃음을 보냈다. 서너 자리 뒤따라오는 젊은 부부일 것이다. 어디로 보아도 반듯한 내외간, 내 아들 며느리는 아니지만 미덥고 자랑스럽다. 이 아이는 커서 어떤 인물이 될까?

날마다 성무(聖務) 일도를 바치고 103위 성인 기도문을 올린다. 현경련 베네딕타와 현석문 가를로 남매 성인을 호칭할 때마다, '현석문'이라 이름 받은 아기를 생각한다. 얼마나 컸는지 마음속으로 가늠해 보며 잘 살아 있으리라 믿는다. 그 이름을 한 번 더 또 한 번 더 부른다.

성인 현석문(가를로)의 누님 현경련(1794~1839) 성녀는 1801

년 신유박해 때 순교한 역관 현계흠의 딸이다. 현경련 성녀는 남편과 사별한 뒤 '천주께서는 더 가까이 그분을 섬기고 내 영혼을 구해 주시려고 그렇게 하셨다.'라며 하느님을 찬미하고 규칙적으로 성경을 읽은 후 묵상과 기도를 하였다. 여회장을 맡아 새 신도들에게 교리를 가르치고 교우들에게는 교리 지식을 일깨워 주었다. 특히 앵베르 주교가 순교자들의 죽음을 기록한 『기해일기』를 맡아 보관하면서 순교자들을 계속 기록해 나갔다. 후에 이 기록이 순교자들이 성인으로 시성되는데 귀중한 자료가 되었다. 동생 현석문은 샤스탕 신부의 충복으로 그를 잡기 위해 누님 현경련을 혹독하게 고문하였다. 현경련은 감옥에서 동생에게 '신망애(信望愛)' 세 가지 덕(德)에 대하여 편지를 썼다. 그 글에는 천주에 대한 깊은 믿음과 희망 그리고 사랑이 가득 담겨있어 교우들은 이를 읽고 감격했으나 안타깝게도 동생에게는 전해지지 않았다고 한다.

50대일 적에, 레지오 활동으로 서울 시내 N동에 있는 'S의 집'에 매주 한 번 아기들을 돌보러 다녔다. 그때 만난 아기가 현석문이다. 4, 5개월 된 뽀얗고 잘 생긴데다, 순하고 인내심도 있었다. 기저귀가 젖어도 칭얼대지 않고 차례를 기다리는 것일까? 분유 차례가 지체되어도 보채지 않았다. 아기라고 하기엔! 석문이는 우리의 사랑을 받을 줄 아는 것이었다고 느꼈다. 그곳에서 사는 아기들은 부모가 위탁(委託)한 아이도 몇 있지만, 갓난아기일 때 이름도 모른 채 왔기 때문에, 우리나라

성인 성녀의 이름을 받았다. 유아에서부터 고3 학생까지 수녀님을 엄마라 부르며 네 명이 한 가족을 이루어 살고 있었다. 육친의 가족은 아니지만, 인연의 가족이면 어떠하랴, 봉사라기보다 정을 기부한다는 마음이 앞섰다. 하늘에서 내려주는 사랑으로 나누고 보태며 살 수 있다는 것이 다행인 줄 알고 열심히 다녔다.

나도 부모이면서 아이들의 바람이 무엇인지 헤아리지 못하고, 부모의 의무도 확연히 모르는 채 부모가 되었지만, 한 조각 사랑을 나누어준다는 마음으로 충실하려고만 했던 것이 아쉽고 미안하다.

부모와 자식은 적정 나이까지는 필요로 한 시간에, 있어야 할 자리에 함께해야 하는가 보다.

손자 손녀를 대리 양육하며 그 아이들이 종일토록 엄마를 그리워하는 모습을 본다. 특히 아우를 본 경우에는 유치원에 보내기 힘들었다. 나는 외출하는데 새로 온 아기는 엄마와 즐겁게 보내겠지? 상상하며 자기는 그 자리에 빠져있어 외톨이가 된 느낌인지, 버스에 오르기를 거부하며 떼를 썼다. 그러다가 나이가 들어가겠지만, 그 시간은 다시 오지 않으니 무엇으로 대신 메울 수 없다. 그러나 '더 가진 사람이 나누어 주어라' 하신 하느님의 권고일 것이리라.

기도할 때마다 S의 집에서 만난 아이 현석문의 이름을 부르며 잘 크라고 항상 기도한 것이, 헛일이 아니기를 바란다. 엄마 품은 아니지만, 수녀님이 엄마이며 봉사자들은 이모라고 품에 안고 속삭였다. 지금은 의젓한 중년이 되었으리라. 선택할 자유가 없는 것이 부모와 자식이다. 단, 하늘이 주는 자유의지로 개척해 나가는 것이 인생이라 믿고 빨리 눈치 채는 것이 성공하는 길이지 않은가? 거기에 다행인 것은, '지성이면 감천'이라는 숨구멍이 있다. 성실하게 열심히 노력하면 이루어지는 것이, 하늘이 주는 은총이다. 그래서 나는 물리적으로 어찌할 수 없는 것은, 기도로 보낸다. 이루어질 때가 언제인지 곁에 없으니 모르겠으나. 그러나 결과는 하늘에 맡긴다. 그래서 신앙(信仰)인이다.

서로 이름을 안다는 것은 가까운 사이다. 좋은 뜻의 이름을 지으려 하고 부르기 편하고 빨리 각인 되는 이름이 유리하다. 그래서 좋은 행적을 남긴 분의 이름을 따라 짓기도 한다. 천주교회 신자는 각자 성인(聖人)의 이름을 갖고 그분의 착한 행적을 대체로 따르기를 바라며 행한다.

"석문아, 너도 현석문 가롤로 성인의 이름을 받아 나를 알게 되었고, 이모가 지금껏 기억하고 있다. 그래서 현석문을 부르는 기도를 너는 받는 것이다. 지금 잘 커서 네 몫을 확실하게 할 것이리라 믿는다."

# 홀씨 맺어

고향산천 사방팔방 휘돌아보니, 때는 사월이라 벚꽃 세상이다. 먼저 핀 꽃 흰 머릿결 살랑이고, 중간 꽃 청춘 연분홍. 그 아래 꽃봉오리 벌어질락 말락 인간의 눈 희롱한다. 제사 지내러 온 후손들 함께하는 꽃맞이, 어린 손자들 비석아파트라고 좋아하던 산소 언덕, 기름진 너른 벌판 마련해 주신 선조 혜량(惠亮)에 감사한다.

30여 명 형제간이 한데 모여 기제사 추석, 설 명절 지낼 때면, 철부지 적 내 자식들 '엄마, 주최를 다른 집에 물려줘요.' 할 때도 있었다. 그나마 자식들 버릇 있게 키운 것은, 참아 받아 잘 모셔온 조상 제례 음덕이리라.

40년 봉제사를 시동생들이 면해 주었다. 일 년에 봄날 하루, 산소에서 차사 올리고 처남 매부 서로가 빈객 되어 밤새워 리셉션을 한다. 형수 고생 알아준다 한들 내 맘 편할 수 있을까?

세월이 지나면 제삿날을 잊어버리기도 하겠지. 미사로 지내지만, 습관이 되어선지 어딘가 비어있는 듯하다가도 형제간 웃음소리에 빈 가슴 채워진다.

우리 부부는 한 이태 묘제에 가지 못했다. 번갈아가며 육신을 괴롭힌 질병으로 한 번도 궐하지 않았던 합동 제사에 갈 수 없으니, 우리 의무는 여기서 끝인가 했다.

바로 아랫동서가 몇 년 전부터 생각하는 끈을 놓아버렸다. 얼마 동안 만날 수 없어 답답했는데 이번에는 질녀(姪女 조카딸)가 데리고 온다고 한다.

셋째 시동생은 제사 모임을 위해 12인승 차를 샀다. 삼 형제 삼동서가 합승하고 버스 전용차선으로 달리니, 시간보다 일찍 도착했다. 쉬다 걷다 느린 걸음으로 산소에 올랐다. 주위를 살펴보니 언덕 모서리에 요즘 보기 드문 하얀 민들레 두 송이가 얼굴 맞대고 웃고 있다. 마치 한 해 걸러 시집온 우리 두 동서 같다. 산 아랠 보니 바로 아랫동서 삼 모녀가 이마에 땀 훔치며 올라온다. 엄마를 부축하며 마주 웃는 질녀의 모습 보니 그래서 딸을 원하나? 키울 때나 장성해서나 부모 마음 어루만지는 따사로움이 있을 것이다. 눈 마주친 동서가 형님 하며 날듯이 올라온다. 내려가 동서를 안았다. '형님'이라 부르며 안긴다. 끈은 놓기는 했어도 끊지는 않았나 안심이 된다. 55년 시집살이 잊지 않고 알아보는 자매 같은 동서지간 나도 어이 잊겠는가. 생각은 잊혔어도 나는 잊지 않았구나, 대화는 간간이 끊겨도 무슨 뜻인지 가늠할 수 이야기를 만들어가니, 만난 보람이 있다. 슬프지만 울지 않는 예쁜 할머니가 되었다.

하늘의 인연으로 한 가문(家門)에 매듭지었으니 자매나 다름 없다는 시어머니 훈도(訓導)에 셋째, 넷째, 다섯째, 여섯째, 여섯 동서가 된 소리 없이 잘 살았다. 바로 아랫동서는 오뉴월 보리 이삭 같은 까칠한 큰동서인 나의 기운을 어찌 견뎠을까. 같은 연배 첫째, 둘째 동서지간 이름 지어, 미운 정 고운 정 스며들었는지 그래도 큰형님이라고 덧붙인다. 우리 사이 앙금은 없었을까? 있었으면 또 어쩔 것인가, 무엇을 잊고 싶어 생각의 문 닫았을까, 회포도 풀어보고 농담도 하련만. 이맘 저맘, 맺힌 맘, 풀어헤쳐 살풀이 삼아 놀아 보련마는 그도 저도 나 혼자 안고 가란 말인가. 그래도 홀씨 맺어 자식 끈 꼬았으니 조상의 덕으로 만나는 보는구나.

황금 나이 50代에 서방님 보내놓고 삼 남매 껴안은 고독, 형젠들 알았을까? 혼자 꾸린 오랜 시절 외롭고 우울해서 마음의 문 닫았을까, 이제라도 활짝 열고 불태워, 재 같은 마음 씻어 흘려보내면 아니 될까?

동갑내기 큰동서 맘 어이할까. 하얀 민들레 그 모습 보며 위로할까나. 그러기엔 너무 안타까워.

# 혀끝에 맡겨라

중년들의 열혈 문학토론이 끝났다. 여유 있는 토요일의 모임이기도 하지만, 열렬한 토론이 우리 청담수필 시간의 본질이기도 하다. 수필 다섯 편을 오려내고, 깁고, 정렬시키고 나니, 허기가 왔다.

「하늘에서 보내온 소식」이라는 글을 써 온 회원이, 조상님께 받은 유산으로 점심을 사겠다고 한다. 숨어있던 땅이라도 밝혀졌나? 특별한 유산이란다.

고조, 증조할머니의 좀도리쌀로 불어난 재산이라는 것이다. 끼니 지을 때마다 한 줌의 쌀을 덜어내어 '좀도리'라는 이름으로 항아리 통장에 입금한 셈이다. 성장이나 생명을 이어갈 영양소 중에서 일부를 떼어내는 것 아닐까? 그 부분은 정신적으로 대처하는 것이다. 절절한 고진감래(苦盡甘來)로 지켜온 농경시대의 경제학 단위 일부.

4대가 흘러 내려왔으니 이문이 많이 붙었을 터이다. 유산이라는 뜻이 진중하게 다가온다. 선대(先代)가 아껴 저축한 쌀을, 몇 세대 내려 자손 대의 동아리 모임에 밥을 먹인다니, '작은 것을 아껴 모으면 큰 것이 된다.'는 의미와 효용성을, 물자의 홍수시대에서 허우적대는 현대인의 절약 정신에 도움이 될 수도 있지 않을까.

다른 회원이, 신입이라서 사겠다는 제안이다. 신입회원의 첫 글은 구성, 표현력이 이미 기성작가 수준을 따라잡을 기세를 보여 선배들의 기를 꺾었다. '청담수필'에 회원 기근이 들었는데, 보석이 들어와 앉아 빛을 내며 수필방을 밝힌다.

하늘에서 내려온 특별한 유산으로 점심을 즐기러 갔다. 그리운 마음은 통하는 것일까, 공교롭게도 10년 동안 청담수필을 이끌어주신 오 선생님도 오셨다. 초복은 지났고, 중복이 다음주 목요일이라는 안내문도 있던 터에 단연 삼계탕을 먹을 것이라 한다. 신임회장과 나는 식 취향이 비슷해 해물죽을 주문했다.

디저트는 '아포카토'를 먹기로 하고 카페를 향해 걸었다. 장마의 습기를 안고 내려앉은 무지근한 기운과 현대문명의 이기가 품어대는 메케한 공기를 마시며 걷는다, 아이스크림을 에스프레소가 녹여 혀끝을 희롱하는 상상으로 걸으니 한결 기분이 가볍다. 아포카토 한 잔을 마시기 위해 함께하는 수필반은 무더워도 행복하다. 올여름 들어, 아포카토는 커피 대신 우리 교실의 후식이 되었다. 오 선생님의 신용카드는 아포카토 주문의 전용이 되어, 우리 입맛을 얼렸다 녹였다 하며 놀릴 것이다. 아이스크림에 뜨거운 에스프레소를 끼얹어 음미하는 방법도 수필의 주제가 될 것이다.

회원들이 처음 모였을 때는 아이스크림이 되기 전의 얼음 알갱이? 인생의 오미(五味)를 다 맛보고서야 모였으니, 아이스크림으로 되기가 더 쉬웠을 것인가. 부드럽고 달달해서 에스프레소의 쓴맛쯤이야! 비웃으며, 고소한 맛을 달콤한 아이스크림이 뭉개 버릴까, 고소한 향이 달콤함을 마셔버릴까. 각자 혀끝의 취향으로.

# 씻김굿

나이 들어서인지 글쓰기가 어렵고 힘들다. 그럴 때면 사진을 찍는다. 마른 잡초가 드러누운 겨울 강 언덕을 돌아보면 물에 비치는 주변이 이 세상 것이 아닌 것처럼 보일 때가 있다. 야트막한 검푸른 숲과 냇물, 햇살이 이루어내는 피사체(被寫體)는 환상적이다. 집에 와 편집해 보니 흰옷을 입은 여인의 환영이 찍혔다. 살얼음 깨진 알갱이와 소용돌이치는 물비늘에, 옥양목 치마저고리 구겨진 주름마다 방울 달아 놓은 듯하다. 금빛 은빛으로 방울방울, 소복이 휘돌아 칠 때마다 딸랑거리는 그 소리 울리는 듯 현장에 있었던 때 같다. 짐짓 고향 마을의 당집 아낙의 모습으로 비친다.

예전에는 정월 대보름에 논두렁 밭두렁을 태웠다. 해충 알도 멸하고, 잡초 씨앗도 타서 김매기 일손을 덜어 볼까 하는 것이었다.

열 나흗날 여자아이들은 울안에서 생대나무로 모닥불을 지펴

불 넘기를, 남자아이들은 깡통에 불을 피워 돌리며 논두렁에 들불을 놓았다. 그리고 이웃 마을과 불싸움을 하였다. 이긴 마을은 풍년을 기약이나 한 듯, 사물패 끼어 들여 풍악을 울렸다. 머슴들은 보름날부터 2월 초하루까지 맘껏 먹고 놀았다.

그 옛날 의병장이셨던 崔 慶자 會자 할아버지 때의 의병훈련장(義兵訓鍊場), 드넓은 벌판은 쥐불놀이로 장관을 이루었다. 그 밤의 불꽃은 온통 붉은색 노란색 주홍색 계열 불꽃이 세상의 온갖 춤을 추며 들판을 뛰어넘어 날아다녔다.

남자 형제가 일곱이 있는 집의 고명 막내딸 C는 오빠들을 따라 불꽃을 쫓아다녔다. 그러다 설빔으로 지어 입은 빨간 양단 치마에 불이 붙어 순식간에 번졌다. 오빠들과 다른 아이들은 신바람이 나서 들판을 뛰어다니느라 정신이 없었다. 마을 어른이 밀짚 두렁(雨裝)에 물을 적셔 안고 냇물에 넣었다. 하지만 그 아이는 영영 다시 볼 수 없었다. 보름은 맑게 지내야 한다는데 불상사가 났으니 침울한 명일(名日)이었다.

C를 잘 보내주기 위한 씻김굿을 하였다. 불탄 자리에서의 고통을 씻기는 굿에서는 뜨거워 울부짖는 당집 아낙의 형용에, 그애 부모와 오라비는 죄인처럼 꿇어 울었다. 마을 사람들도 자기 탓인 양 신 내린 무당에게 빌었다. 뜨거운 고통을 냇물에 씻어 띄우는 굿을 이틀이나 하였다. 숨어 구경하다 뜨거운 비명에 떠난 C가 불쌍해서 눈물만 흘리다 행랑어멈의 손을 잡아 끌었다. 사실 나는 그 아이의 이름을 모른다.

서글픈 요령 소리 물거품에 띄운다고
가슴에 맺힌 멍울 삭히기나 한다더냐
아무리 돌고 돌려 원심분리 시켜봐도
온몸에 스민 정이 씻기기나 한다더냐
백중 긴 해 걸음에 바랜 소복 희다면 그만이냐
그 설움 열두 쪽 치마폭에 감싸 안아
아쉬운 생 빌고 빌어 여린 마음 달래고 풀어주오
원 한없이 어르고 만져 어여삐 단장하여
맑은 물 저 윤슬에 사뿐히 실어 가오.

2025년 오늘에 이르러서야 C를 위로하는 「씻김굿」이란 자작시(詩)를 띄워 보낸다.

씻김굿 구경을 하다가, 놀라서 바들거리는 내 손을 꼭 쥔 어머니는 기도하였다.

훗날, 여고 1학년 때 학생 레지오에 입단하여 기도하며, 또 어른이 되어 장례 봉사활동을 하며 연도(鍊禱)를 이해했다. '세상 떠난 영혼의 업적을 기려주며, 하느님께 자비를 구하고 억울한 일 풀어주어 천국에 들도록 도와주는 기도이다.' 나는 해방기에 태어나서 근현대의 소용돌이에 걸쳐 살았고, 종가 종택에서 온갖 절기 풍속과 토무속(土巫俗)신앙을 접해 신비한 경험이 많았다. 다행히 가톨릭 신자인 어머니로 인해 비교 분석하며 성년이 되었다. 어머니는 나의 20代말 즈음에 세상을 떠나,

선영(先塋)의 봉제사(奉祭祀)를 핑계로 새어머니를 들였다. 새어머니는 아들도 낳고 잘 사는 듯하였으나, 머리가 아프다고 흰 머리띠를 즐겨 동여맸다. 무속에 매달리더니 결국에는 큰 굿판을 자주 열었다. 본처가 못살게 한다는 점괘가 나왔다. 어머니의 제삿날, 내 어머니의 영혼을 단지에 담는 굿이 있었다. 동생이 성년이 될 때까지 어머니의 영혼은 백자단지에 구겨져 담겨있었다. 어두컴컴한 대청마루의 뒤주 위에서 종택의 소리를 듣고 있었을까? 두 남동생이 결혼하여 힘을 얻을 때가 되었다. 우리 삼 남매는 결의하여 백자단지를 깨뜨려 어머니를 푸른 하늘 저 깊은 곳으로 떠나보냈다. 후폭풍은 예상대로 대단히 컸지만, 상속자인 동생이 감당해 냈다.

나는 연도(鍊禱)를 좋아한다. 연도는 마지막 노래이면서도 희망의 노래다. 그 내용을 쭉 꿰어 외우고 있다. 연도를 할 때면 마음이 개운해지고 하늘로 오르는 듯 둥둥 떠가는 음률이 된다. 연도를 많이 하면 할수록 내 살아나온 길을 묵상하게 된다. 어려운 대인관계도 살풀이 되어 완만하게 풀어질 수 있다고 믿는다. 삶과 죽음이 함께 있듯이, 기도는 너와 나 모든 이를 아우른다. 남을 위해 하는 기도, 종국에는 그 기운이 나에게 온다. 그래서 더 밝게 맑게 살아갈 수 있으리다. 다른 영혼을 위해 연도 할 때마다, 살아있는 내 영혼도 따라 씻기며 천국의 여정을 미리 여행하는 듯하다.

# 2.
# 만남의 고리

# 연두색 스카프

나이 칠십을 훨씬 넘어, 이사를 하게 되었다. 소지품을 정리하다 보니, 스카프 팔십여 장과 장신구들, 어울리지 않는 모자며 비실용적이다 싶은 물품들이 얼굴을 내민다.

고왔던 시절 친구에게서 받았던 편지 한 뭉치도 나왔다. 펼쳐보니, 나의 가장 아름다웠던 시절의 흔적이고 마음이 봄처럼 뛰놀았던 때이다. 지금까지 편지를 간직하고 있었다는 것이 얼마나 다행인지. 결혼 후에도 가끔 꺼내어 보았는데 오랫동안 잊고 있었다니, 그동안 웬일인지 마음이 허전했다는 생각이다. 다시 읽어 보아도 예쁜 글씨와 내용은 나와 친구 간에 주고받은 일상의 편지라지만 아름다운 詩였다. 그녀의 잔잔한 미소와 하고 싶은 것은 꼭 하고 마는 의지의 입매가 그려진다. 글 속에서 그녀를 만난다.

그녀에게서 받은 편지를 아들에게 부탁하여 코팅하고, 앨범을 만들었다.

내 인생에서 가장 화려했던 시절에 만났던 친구, 이름을 '무등산 아래 아이'라고 했다. 그녀는 '○○○ ○○편지'의 단골 애청자였다. 그녀는 멜랑콜리 한 음악을 좋아했다. 그래서 우리는 친해졌다. 그녀와 나는 누리고 있는 것들이 비슷했다. 무위도식, 스카프를 모으는 취미, 미래에 대한 계획도 없었다. 부모의 힘으로 즐기려는 심보가 더욱 닮아있었다. 그런 것은 물어보지 않았으나 한물에 싸여서 놀았으니까, 그녀도 당연히 그러리라고 생각했다. 그때는 여자들이 직업을 갖는다는 것이 쉬운 일이 아니었고 좋아하지도 않았다.

날마다 스카프를 바꾸어 매듯이 만날 적마다 새로운 정이 목에 휘감겼다. 모아놓은 화려한 스카프만큼이나 변화무쌍한 청춘, 우리의 인생은 봄날의 무지개였다.

그녀와 나는 구해온 스카프의 품평회를 하기도 했다. 그녀는 크고 작은 스카프를 이용하여 패션을 완성했다. 재킷 속에 블라우스를 입는 것이 아니고, 넓은 직사각, 정사각, 머플러를 활용하여 블라우스를 연출해 냈다. 커다란 머플러로 터번형의 모자를 만드는 방법을 함께 배우기도 했다. 그때는 서양 영화 배우들의 스카프 쓴 머리가 인기였다.

"그 비용으로 옷이나 맞춰라."

다른 친구들은 그렇게 얘기했지만, 우리는 스카프에 치중했다. 나는 지금도 여전히 특별한 색상이나 문양이 있으면 모으고 있다. 그럴 때마다 그녀가 생각난다. 보고 싶다. 혹시 패션 디자이너가 되었는지 찾아보았지만, 그림자도 보이지 않았다.

그 시절 여자로서는 꿈도 못 꾸는 당구에 마음을 쓰고 있었다. 그녀의 집에서 당구장을 경영하고 있었기에 시도하기가 쉬웠다. 손님이 없을 때는 살짝 들어가서 몰래 당구를 즐겼다. 비밀은 꽤 오래 지켜져서 날이 갈수록 실력이 늘었다. 어떻게 알게 되었는지 날렵한 한복은 입은 그녀의 어머니가 불시에 문을 열고 들어왔다. 그 자태만으로도 압도되어 쥐구멍을 찾을 겨를도 없이 그 자리에 큐를 내팽개치고 주저앉았다. 그녀는 가끔 종업원이 자리를 비울 때면 카운터를 지켰는데, 이후 당구장에는 얼씬 못했다. 그때 우리가 당구를 즐겼다는 것은 그녀의 어머니에게 충격적이었을 것이다. 어머니끼리 만나서 알게 된다면 서로가 면목이 없었을 것이다. 그 후로는 당구 큐를 잡아볼 수가 없었다. 지금도 당구를 배우지 못한 것이 가장 후회스럽고 아쉽다. 이렇게 여자들에게 대명천지가 될 줄 알았으면 반대를 무릅쓰고서라도 배울 걸. 요즘에는 텔레비전에서도 당구 경기를 중계방송하고 있으니 그 시간에나 즐기고 있다.

우리는 한참 동안 교류를 끊을 수밖에 없었다. 우리는 오직 편지로만 만날 수 있었다. 그간의 편지들이 가관이다. 무슨 연인들의 이별처럼 연두색으로 하늘색으로 노란색으로….

두어 달 만에 근신이 풀려 만나게 되었다. 나는 결혼 계획이 있어서 그녀와 마음대로 쇼핑을 즐길 수 있었다. 그녀와 내가 동시에 반한, 옅은 연두색 바탕에 노란색과 하늘색의 아라베스크 문양의 스카프.

“이거 결혼 선물, 일생을 봄 놀 듯 살아….”

말꼬리를 흐리는 그녀의 얼굴과 마주쳤을 때 눈에 눈물방울이 맺히더니 또르르 굴렀다. 그녀는 먼 곳으로의 이별을 준비하고 있었던 것은 아니었을까.

그녀는 나의 결혼식 사진의 한 면에서 최고의 축사를 보내고 있었다. 특유의 새침한 미소와 아름다운 머플러로 엮은 블라우스를 자랑하며 우아하게 우뚝 서 있다. 흑백사진이지만, 초콜릿 빛깔의 터번형 모자와 더불어 멋을 떨치고 있다.

나는 50년 묵은 연두색 스카프를 펼쳐놓고 이 글을 쓴다. 뭐 그렇게 특별한 경험도 아닌데 그렇게 가슴 아픈 사연도 없는데. 하지만 나는 버리는 것을 잘하는 여자이다. 그러나 그녀가 보냈던 편지 한 뭉치와 연두색 스카프가 아직, 내 손에 내 마음에 남아있다.

연두색 스카프의 한 올 한 올을 뽑아서 연둣빛 사연을 엮어볼까.

네가 일러준 대로 나는 봄 놀듯 살고자 노력했다고….

# 은행나무 향수(香水)

골목길도 바람도 나무도 가을이 왔다고 속삭인다. 나는 가을로 가겠노라 집을 나섰다. 계절이 가져다준 나무가 뿜어내는 삽상한 기운 때문인가 만나는 이들의 표정이 맑다. 벚나무와 단풍나무가 레드카펫을 깔았다. 스타가 되어 빨간 단풍잎 카펫에 발을 얹었다. 아무도 무어라 하지 않는다. 단풍잎 카펫 위를 걷는 이들은 다 오늘의 스타가 되었다는 기분이기를.

눈부신 황금색 카펫이 펼쳐진 길에 들어섰다. 푹신하다. 무엇인가 오돌토돌 발밑에 닿아 톡톡 터지는 느낌이 좋았다. 은행잎이 성글게 떨어진 곳에서는 섞여 있는 은행알을 밟을까 봐 발걸음을 조심해야 했었다. 그러던 것이 카펫 하나 깔렸다고 마음 놓고 밟아댄다. 공원의 다람쥐나 청설모도 먹고 남을 정도로 흔하니, 길가에 굴러다니며 천덕꾸러기가 되었다. 푸른 하늘을 오래 기억하려는지 어미나무 등에서 쪼글쪼글 달랑대다가 갈바람에 우수수. 요즘은 은행을 주워 담아가는 이들도 드물다. 낟알을 귀하게 여겼음 직한 어른들이 길가에 무더기무더기 모아두어 은행 열매의 무덤이 되었다. 미처 치우지 못한 무더기는 함께 비비적대며 생명줄을 이어 작은 은행나무 숲이 된다. 기후변화에 잘 적응하고 병충해에 강한 다산의 여왕, 푸른 잎 노란 잎에 목재까지 쓰임새 좋은 나무. 우리 집에는 몇 대를 이어받아 온 은행나무 바둑판을 보물이라 여기며 간직하고 있다.

두 아들이 십여 살이 되었을 때 경제관념을 키워줄 요량으로, 열흘 치 용돈을 한꺼번에 주며 관찰했었다. 작은녀석은 규모 있게 등분하여 잘 견디었다. 역시 지금도 수익을 잘 내어서 가족들에게 분배 잘하며 가정경영을 잘하고 있다. 큰녀석은 수학은 잘했지만, 경제관념이 날 넘었는지, 허영심이 심했는지 열흘 치를 하루에 탕진(?)하고 말았다. 그것도 사행심을 자극하는 문방구점 오락기기에 털어 넣었다. 나는 너무 실망하고 속상했다. 한 시간 나가서 걸으며 반성하라고 쫓아내고 말았다. 날이 어둑어둑해져도 들어오지 않아 겁이 덜컥 났다. 가족들에게 내색도 못 하고 동네 골목을 헤맸다. 큰아들은 무슨 일이 있었냐는 듯, 골목 어귀 쉼터에서 마을 어르신들과 천연덕스럽게 장기를 두고 있었다. 내 속마음은 욕조의 비누 거품처럼 가득 차올라 부글거렸지만, 물을 부어 꺼트리듯 참고 참으며 집으로 데려왔다.

그 후부터 시아버지께서 오래된 바둑판을 꺼내놓고, 큰아들과 바둑을 두어주셨다. 그 시절 바둑이 인기가 있었고, 소년 기사(棋士)들이 이름을 날릴 때였다. 큰아들은 바둑에는 관심이 없고 장기(將棋)에 심취해 한문(漢文)을 열심히 배웠다. 역사학자가 될 것이라는 꿈을 꾸었다. 성장해서는 사회 봉사활동과 직장생활의 임무를 충실하게 잘해나갔다. 그러다가, 정말 티끌 모으듯 십 오륙 년 모은 정신과 육체노동의 열매를 공룡 군단에 털어 먹히고 동학 개미가 되고 말았다. 그야말로 청춘에 쌓은 전 재산이 깡그리 날아가 버린 것이다. 종자돈을 날리고 다시 시작하는 마흔으로 저문 청춘, 번성하는 은행나무처럼 되라고 빈다.

몇 대를 지켜보던 은행나무 바둑판은 내가 손수 뜬 레이스 커버를 둘렀다. 실용성을 잃은 채 거실의 한 자리를 차지하고, 어쩌다 손자들이 오면 책상이 되어준다.

새로 핀 은행잎은 가는 봄과 오는 여름을 뭉개 놓는다. 연두색인지 녹색인지, 은행 색이라는 또 다른 이름으로 우리 눈은 신비감에 빠진다. 노랗게 물든 잎은 손톱만 한 것에서 고만고만한 차이를 두고 손바닥만 한 것까지 쥘 부채모양을 보여준다. 은행잎은 춤추듯 내려와 벤치에 보료처럼 깔렸다. 바람이 인다. 날리는 이파리가 나를 에운다. 나는 노란색 보료가 깔린 벤치에 앉았다. 푹신하다. 은행잎을 안고 바람이 또 온다. 손으로 받으니 한 손 가득 또 한가득, 아무 근심 없던 어린아이로 돌아간 듯 편안하다. 내 뒤를 따라온 누군가는 은행잎 방석을 걷어내고 앉았다. 나는 속으로 '멋없어' 하며 흘깃하니 역시 우리 집에 함께 사는 멋이 부족한 그 사람. 그래도 흩날리는 은행잎을 쳐다보고 있다는 게 아직 감성이 남아있는 듯하다. 그 사람, 나와 눈 마주치더니 "오늘이 立冬이래." 한다. 둘이서 말없이 은행나무만 쳐다보다가 그 사람은 겨울로 갈 것이라며 일어섰다. 나는 더 가을에 멈추어 있을 거라며 버텼다.

앉은자리가 축축하여 일어나보니 낭패다. 은행잎을 젖히고 앉는 그 사람을 보며 구시렁거렸더니, 조심성 없이 털썩 주저앉은 멋쟁이(?)에게 은행나무 향수가 덤으로 왔다.

# 수녀와 군청색 샌들

이종동생이 검은색과 작별하려 한다는 문자와 함께 군청색 샌들 사진을 보내왔다.

초봄, 전시회에 들렀던 지인이 그림을 가져가며 봉투를 가방에 넣었다. 그림에 대한 보답이라고 적혀있었다. 동생이 수도원으로 떠난 지 삼십 년이 되는 해인 것 같아서 필요한 곳에 쓰라고 보내주었다.

수녀가 유채색 샌들을 신겠다니 놀랍고 신선하다. 발을 좀 자유롭게 하려는 것인가, 수도 생활의 변곡점인가, 오랜 전통과 고정관념으로나 사회적인 통념으로 이해가 되지 않았다. 생각의 돌담 안에 가두어둔 신앙, 수도자는 흰색이나 검은색 등 무채색을 가져야 한다는 통념을 깨는 순간이다.

어린 시절의 명절 풍경을 그린다. 할머니는 색동저고리의 남색 부분을 군청색으로 차별화했다. 남색보다 온화한 격이 있으니 설빔에는 적당하다고. 나는 명주에 물감을 잘못 들인 것인가 하고 의심하며 뚱했었다.

화조화를 그리던 시절, 동양화물감에 군청색이 따로 있었다. 이십여 년이 지나 할머니가 일러준 군청색을 보니 할머니를 만난 듯, 군청색을 좋아하게 되었다.

동생이 수도회에 입회한 지 십 년이 되던 해에 종신서원을 하게 되어 초대받았었다. 그때 프랑스 본원에서 온 장상 수녀님의 옷차림이 지금도 생생하다. 일반 숙녀들이 입는 군청색 투피스 차림이었다. 긴 여행 중에는 간편복을 입을 수 있다는데, 서원 전례를 거행하는 내내 그 차림대로였다. 고운 제비 같은 검은색 수도복의 수녀들 틈새에, 군청색 투피스의 장상 수녀님은 천상의 빛을 받은 나비처럼 나부꼈다. 서원하는 수녀들은 천상을 걷는 듯 간절하게 기도하며 거룩한 삶을 서약했다.

흑백의 제복을 고집하는 곳은 우리나라뿐인가. 제복이 보호복일 수 있는 것이니 전유물이 되어야 할 것이다. 그 수도회에서는 군청색을 허용한 것이라고 내 맘에 묻어두었다.

1960년대 여고 시절, 튀었던 내 모습이 떠오른다. 우리 학교 교복은 주름치마에 상의는 둥근 스탠카라에 리본을 맨 볼륨이 없는 스타일이었다. 나는 교복패션에 좀 더 방점을 찍기 위해 짙은 자주색 책가방과 구두를 맞추었다. 수녀님들과 기숙했었는데, 영어를 가르치는 아일랜드 출신 수녀님에게 자주 지적을 받아 눈 밖에 났었다. 그래도 개의치 않고 운동화와 번갈아 신으며 버텨냈었던 기억이다.

그때의 수도복은 발끝까지 내려와 치렁치렁 발걸음마다 걸리적거렸다. 수도복 아래에 감추어진 수녀님의 신발은 보이지 않았으며 궁금하지도 않았다. 그저 검은색이려니 했다. 나의 신경은 교복과 신발의 조화에만 쏠려 있었다.

나의 발은 기형인지 신발을 고르는 데 힘이 들었다. 신발 전문 단골 가게에 가서 맘껏 신어보며 고를 수 있었다. 그 시절, 스펀지가 깔린 푹신한 운동화가 출시되었다. 어머니에게 허락 없이 내 맘대로 신을 수 있도록 주인은 믿고 내어주었다.

요즘도 신발 사랑은 여전해서 예쁘면 사서 진열해 놓는다. 예쁜 신발에 꽂혀 사재기하면서도 내 발에 맞는 신발을 찾아 신으려면 어려웠다. 또다시 새로운 구매가 시작된다.

중년의 시절 백화점에서 군청색 하이힐을 만났다. 조금 높은 듯했지만 구매하여 신발장에 모셔 두고 날마다 현관에서만 신어보며 만족해야 했다. 군청색 하이힐을 신고 멋을 부리며 뽐내지 못한 그 시절이 아쉽다. 어울릴 만한 친구에게 주었다. 그녀가 기꺼이 신어주어서 군청색 하이힐의 멋과 자존심을 세워주었던 기억이다.

인생길에는 예쁜 신발처럼, 꼭 맞는 구두처럼 좋아하는 일만, 나에게 맞는 일만 오는 것은 아닌데. 좋은 신을 신으면 좋은 곳으로 데려다준다는 말도 한다. 발이 편하면 몸이 편하고 하는 일이 잘 풀린다는 뜻이겠다.

이제는 멋이라는 의미도 신발에 닿는 발의 감각도 무디어졌지만, 편한 신발만 고집하고 있으니 일상이 편안하다. 인생에 대한 답은 개인차가 있겠지만 마지막이 보이는 곳까지 살아보고서야, 입증될 것이다. 신앙을 중심에 두고 살아온 내 인생이 검약을 염두에 두고자 했으면 조금 달라졌을까. 하긴 그 시절에는 모두가 검약을 실천하며 살았으니, 내 이 정도의 신발 사랑은 낭비도 아니었을 것이라는 생각이다.

동생은 용모가 수려하고 명랑한 성격이다. 맑은 목소리와 피아니스트로 음악선생이었다. 예술 문화계에서 화려하게 살던 동생은, 수도원 입회자의 정년(整年)에 수도원에 갔다. 군청색 샌들을 신은 수녀의 모습을 그려 본다.

# 만남의 고리

우리 '청담수필' 회원들은 2020년의 첫 번째 달에 문학기행을 떠났다. 서울에서 정남쪽에 있는 도시, 문인을 많이 배출한 땅 장흥이다. 장흥으로 가는 길 중간지점에 있는 화순이 나의 고향이다. 떠나온 지 50여 년이 흘렀다. 부모님이 일찍 작고하여서 자주 가게 되질 않았다. '이번 기회에 들러야지' 마음먹고 회원들께 양해를 구했다. 가는 길에 동생이 사는 친정집에서 잠시 다과 시간을 갖기로 했다.

동생은 宗家(종가)를 지키는 우리 가문의 의병장 崔 慶자 長자(최경장) 16世孫 大宗孫(대종손)이다. 친정집의 상징인 고사정(高士亭)과 회화나무 아래서 기다리는 동생과 우리 회원들은 마주했다. 누구랄 것도 없이 서로가 예전에 알았던 친구처럼, 소개할 겨를 없이 소통되었다. 격의 없이 어울릴 수 있었던 우리 만남의 고리에서 인연의 신비한 기운을 느꼈다. 나와 회원들은 글을 통해 많은 것을 나누었기에, 동생과 만남도 형제간처럼 어색하지 않고 아름다웠다. 계절의 겉옷을 벗어버리고 서 있는, 겨울 회화나무처럼 의연하고 아무런 가식이 없었다.

한승원 선생님의 작품연구소 海山土窟(해산토굴)을 방문한다니 나의 마음은 설렜다. 산과 바다 산비탈의 보리밭 하며 촌락이 소박한 듯 질박한 듯 내 눈에 들어온다. 해산토굴은 양지바른 산자락을 망토 삼아 걸치고, 바다를 가깝게도 멀게도 볼 수 있게 안겨있었다. 눈앞에 펼쳐진 바다는 얼마나 아름다운 글의 조각들을 실어올까. 햇살을 실은 바람이 나에게 공상의 날개를 달아주었다.

내가 세상에 오기 전의 어떤 마을에서 편안하게, 해산토굴에서 나온 것들을 잡으려는 또 다른 내 모습을 보고 있다. 얼마나 화려하며 장엄한 것들이었나, 얼마나 진귀한 것들이 쏟아질지, 혼자서 깊은 생각에 잠기기를, 잠시.

문 두드리는 소리에 무심한 듯 도도한 듯 조용하게 나오시는 한승원 선생님. 따님 한강과 더불어 문학의 일가를 이루신 한승원 선생님을 뵙게 된 순간을, 새로운 만남의 고리에 걸었다. 해산토굴은 현재의 거처라 하시면서, 정원의 오른쪽을 가리키시며 저곳이 후세의 처소라고 하셨다. 맘속으로 훗날의 해산토굴 모습을 상상해 보았다. 후일 나에게도 양단간에 그럴 여유가 생기겠지, 다짐하며 부드럽게 마음을 달랬다. 나는 더 여쭤볼 말을 잊은 채 덤덤하게 단체 사진을 찰칵찰칵 두어 장 찍었을 뿐이었다. 나는 괭이나물 밭 앞에 앉았다. 해산토굴 전경과 연초록의 괭이밥 풀밭을 간직하고 싶었는지, 쪼그리고 앉아있는 내 그림자도 찍혀왔다.

海山土窟(해산토굴)의 그림자가 나를 따라왔다. 집에 와서는 解産(해산)土窟이 되었다. 내 안의 덩어리들을 깨트려라, 드러내 보이라고 졸라대면서 따라왔나 보다. 아내 사람 여자, 엄마 사람 여자, 동네 사람 여자로 살았으나 숙달되지 않았던 것이다. 그 세월을 건너 여자 사람 여자로 태어나고 싶다면, 나의 지난날을 허무로 날려도 된다는 것은 아니라고 위로한다. 그날들은 지금의 나를 있게 해준 거부할 수 없는 원천이다. 굳어가는 뇌를 풀어 글자를 모으고 흩었다가 다시 모아서 해산(解産) 하라 한다. 사라지지 않을 것을 만들어 내라고 내 안의 여자 사람 여자가 부추긴다.

내가 가진 시간은 이제 조금밖에 남아 있지 않다. 마음은 다급하게 재촉하고 몸은 허우적거리며 뇌파는 신호를 보내도 모른 체할 때가 더러 있다.

산이 품어주지 않고, 바다가 보이지 않는 토굴이면 어떠랴! 공중에 있으면 또 어떠랴! 내 생각을 마음껏 모아 굴릴 수 있는 마음속의 토굴이면 족하다.

'청담수필 만남의 고리'에 후광을 그려 넣는다. 저마다의 마음에 海山土窟이든 解産土窟이든 안고 돌아왔을 테니까.

소한과 대한이 끼어있는 1월, 장흥 땅은 바닷바람이 조금 차가웠으나 햇볕이 좋았다. 장흥은 산, 바다, 평야가 잘 어우러진 양광(陽光)의 땅이다. 오래오래 흥하라는 지명이라 그런지 걸출한 문인들의 고향이기도 하다. 특산물 중에 명품 호두가 있다. 옛 선비들은 활동량이 많지 않아 호두를 쥐고 손 운동을 하였다 한다. 손안에 오장육부가 있다고, 또 호두가 두뇌를 닮기도 했으니까. 요즈음에는 품종개량을 해서 고가의 명품이 생산되어 선물용으로 쓰인다고 한다.

온화한 기후와 산 바다 넓은 경작지와 부지런한 품성이, 풍부한 어물과 양질의 농산물을 쏟아낼 터이다. 자연이 주는 풍요로운 여유가 인간의 심성을 문학의 길로 이끌어, 장흥을 더욱 장흥이 되게 하였으리라.

연일 기온이 영상(零上)에 머물러준 덕에 우리 '청담수필' 일행은 여유롭게 장흥 탐방을 즐겼다.

# 물빛광장에서

세상이 온통 꽃이다. 상춘객들이 꽃바람에 이끌려 꽃물결에 휩싸인다. 아름다운 것을 보면 기쁨이 몽실몽실 피어나며 설렌다. 아름다운 것을 추구하는 마음은 나이의 많고 적음을 따질 수 있을까. 나이 들어 생각하니 '설렘 주의보'는 지금의 나에게서도 발령된다.

오금동의 '물빛광장'에 꾸며진 2021년의 봄을 여는 송파 서화협회 전에서 작가들의 기억이 모양을 만들어 출렁거리고 있다. 나의 그림도 기억의 모양을 뽐내며 나부끼고 있다. 지금 이곳에 있게 해준 나에게 고맙다고 했다. 유명 작가의 작품은 유명한 대로 아마추어작가의 작품은, 지금 이 자리에 있는 그대로 감격스럽게 다가온다. 꽃바람에 펄럭이는 그림들은 환호하는 상춘객들의 기분을 휘감아 준다. 먼발치에서 내려다보며 감탄하며 설레는 나의 기분을 누군들 알랴.

분양받아 기른 '학란'이 2년째 꽃을 피우고 있다. 2월 초에 꽃망울의 핵이 보였다. CT의 영상으로 보여주는 태아처럼 난잎 속에서 꽃망울이 비친다. 학란은 잎새 속에서 꽃망울이 맺혀 여물다 피어나온다. 꽃이 피고 지고 나면 그 꽃자리에서 촉이 되어 분양된다. 언제 태어날까, 고대하며 작년에 피었던 기억을 더듬어 학란을 형상화했다.

물빛광장에서 물결치는 내 그림 속의 학란이 어깨춤을 추다가 그림 밖으로 나온다. 꽃바람에 훠이훠이 학이 되어 날개를 친다. 꽃을 풍성하게 그려 넣기를 잘했다. 설익은 필력으로 그린 내 그림의 혼들이 학이 되어 춤을 추며 상춘객들과 휘돌고 있었다.

성당을 오가는 길에서 만난 백목련을 그렸다. 꽃이 지면 지는 대로 낙엽이 되면 또 그대로의 모습을 보여주며 나를 반기는 백목련. 너를 나의 화폭에 가두어두리라 생각하며…. 다녔었다. 겨울에도 보송보송 솜털을 세우고 꽃망울을 품고 있는 백목련. 봄이 채 되기도 전에 하얀 목덜미를 살짝 내미는 양지쪽의 그 백목련을 형상화했다. 내 맘대로 내 생각대로 붓 가는 대로 그렸다. 네 모습이 마음에 드느냐, 묻지도 않고 도장을 찍고 '조춘(早春)'이라 이름표를 달아 주었다.

꽃이 피어나는 순간을 내 눈으로 보기 위해 목련 앞에서 반시간여를 기다려본 적이 있었다. 사람이 보아도 피는구나. 그런데 언제 벌어졌는지 가늠할 새 없이 꽃잎은 벌어졌다. 내가 화폭에 가두면 꽃 그림이 될 뿐이다. 하얀 목련이 나비처럼 춤을 춘다. 내 마음 깊은 곳에 숨어있는 예쁜 이야기를 하얀 꽃잎이 쥐고 갔으면….

물, 빛, 땅을 점유한 상춘객들이 들숨 날숨, 숨쉬기에 바쁘다. 소통하고픈 욕망이 물결을 이루어 자연과 각을 이룬다. 물빛광장에 나부끼는 그림들이 위안의 숨결이 되어 상춘객들의 마음을 어루만져 주었을지. 소망을 빌며 꽃바람과 함께 인파에 휩쓸린다. 꽃물결 따라 웃음소리도 향기와 함께 번져간다. 마스크가 마이크 되어 옥타브가 낮아졌다. 그래도 귀 기울이면 귀에 옴싹 안긴다. 만물이 움트는 봄을 찬양함이어니….

# 다시 손가락으로

정중히 꿇어앉아 성경 필사의 릴레이를 하고 있다. 연필 글씨 세대의 진수를 보여주겠다는 마음이었다. 사람마다 각기 다른 글씨체를 가지고 있으니 함께 쓰는 필사 노트는 글씨체의 전시장이다. 일단 깨알같이 작고 단정한 젊은이들의 인쇄체를 보고 주눅이 들었다. 내 필기체의 큰 글씨는 눈앞에 무겁게 다가와 피로감을 주지 않을까. 이번 함께하는 필사 찬송이 잘 될지 걱정이다.

연필을 정성껏 가늘게 깎았다. 연필심을 가늘게 칼로 깎는 데는 어려움이 있었다. 한두 절 쓰고 나면 연필심을 가다듬어야 했다. 한참 깎고 갈아 쓰다가 공용필통을 보니 연필 깎기가 있었다. 눈앞에 있는 것도 찾아 쓰지 못하니 글씨가 잘 써질 리 없다. 잘 써야겠다고 먹은 마음은 어디로 갔는지, 글씨가 잘 써졌거나 어쨌거나 상관없이 그냥 슬슬 미끄러지니 꿈속에 있는 것 같았다. 연필 글씨 쓰기만의 매끄러움에 젖어 들어 시간 가는 것을 잊었다. 스무 페이지가량을 쓰다 보니, 궁체의 나의 큰 글씨가 노트를 너무 많이 차지했다. 다른 자매들의 글씨와 비교하니 구세대의 티가 확연했다. 나의 큰 글씨가 하느님께 확 뜨일까.

말씀을, 내 손으로 내 글씨체로 정갈하게 새기면서, 하느님을 온몸으로 온 마음으로 우러르며 찬미할 수 있으니 이보다 더 은혜로운 시간이 있을까.

우리의 속내를 표현하고 표시하기 위해 사용하는 필기도구에도 처음으로 고맙다는 마음을 가져 본다.

글 쓰는 일을 하게 되니, 제일 난감한 것이 맞춤법과 띄어쓰기였다. 글공부를 놓은 지 아주 오래되었고, 살림만 하다 보니 지적발달이 멈춰버렸을 것이라는 생각이다. 나에게는 성경이 인생행로의 빛이요 길이요 진리이지만, 정확하고 훌륭한 문법 교과서이기도 하다.

'예수님께서는 몸을 굽혀 손가락으로 땅바닥에 무언가 쓰고 계셨다. 그들이 하도 대답을 재촉하므로 "너희 중에 누구든지 죄 없는 사람이 먼저 저 여인을 돌로 쳐라." 하시고 다시 몸을 굽혀 계속해서 손가락으로 땅바닥에 무엇인가 쓰셨다.'

글을 쓰기 위해 컴퓨터의 자판을 눈에 넣을 듯 들여다보며 꼭꼭 누르는 깡마른 나의 손가락이 신기하고 갸륵하다. 어렸을 때 정갈하게 정리된 아버지의 글씨를 보고 또 보며 본받으려고 온 마음을 다하던 나의 여린 손가락. 글씨를 예쁘게 쓰려고 얼마나 애쓰며 노력했던가, 지금에 와서 생각하니 안타깝고 애잔한 어린 시절이었다. 갖춘 것이 만만찮던 그때, 부모의 본보기로 그만큼의 노력이 있었기에 내 노년이 지금 이 자리에 있게 된 것이리라. 나이가 들었어도 노력이 필요하다. 노트와 펜이 아닌 노트북을 사용한다. 펜이 아닌 손가락으로. 이 새로운 노력은 내 삶에 색다른 젊음이 플러스 될 것이다.

글을 써주는 AI가 나온다면 작가는 이제 할 일이 없어진다. 그러나 손가락은 필수? 뇌 과학자들의 연구가 어디까지 갈 것인지 내 걱정 따위는 필요치 않을 것이다. 인간의 정신과 신체의 유기적인 결합이 이루어낸 물질문명이 놀랍고 위대하다. 나도 그 혜택을 입고 있으니, 앞으로의 세상에 얼마나 놀라운 일들이 펼쳐질 것인지 나는 두렵다. 내 능력 밖의 것들이 나이 듦의 나를 움츠리게 한다. 하지만 내가 그린 그림이나 문자로 남긴 것들이, 먼 훗날까지 갈 수 있으리라는 상상을 해 보면 가슴이 펴진다. 내 안의 것은 나만이 꺼내어 볼 수 있다. 내 생각이 그리는 아름다운 진실들은 내 손가락으로만 그려내고 써낼 수 있다.

상대방의 마음을 헤아릴 수 없을 때, 내가 그가 되어본다는 생각은 인간만이 할 수 있다.

뇌에서 말초신경까지의 유기적인 몸을 주신 조물주의 전지전능을 다시 또 찬미하게 된다.

# 어제 내린 비

아침 산책길은 맑고 산뜻하다. 꽃과 풀도 해맑게 웃는다. 앞에서 걷는 두 여인이 길섶에 쪼그리고 앉았다. 어느 꽃의 표정엔지 사진기를 가져다 댄다. 나는 진분홍색만 흘깃 스치고 옆으로 지나갔다. 두 여인, 뉘 댁의 며느리일 것 같은 나이의 젊은이. '며느리밥풀꽃' 이야기를 하며 내 뒤를 따라온다. 나는 뒤에서 들리는 며느리밥풀 꽃의 전설을 신중하게 엿들으며 걸었다.

'…붉고 도톰한 입술 사이로 내민 하얀 밥풀 두 알이 선명한 꽃, 밥풀 두 알인데 하며…' 원망, 여인의 한(恨) 질투라는 꽃말을 가진 슬픈 전설이 바로 내 옆에서 걷고 있다. 나는 시어머니, 그 여인들은 뉘 댁의 며느리. 나는 시어미의 괴악한 성격의 비방이나 변명(?)을, 그들은 억울하고 슬픈 며느리의 원망과 한을 상상하겠지. 그리고 의견을 나누겠지. 앞서 걷는 내

뒤통수가 마주 보인 듯, 그 시대를 살아온 한 그물에 싸인 시어머니나 된 것처럼 민망하였다. 시어머니도 며느리의 과정을 겪으며 살아왔는데 왜 그럴까, 내가 시어머니가 되어보니 그럴 것이 아니었다.

1970년대 출신의 며느리이던 나. 나는 갈치라는 생선을 좋아한다. 친정에서는 두 남동생을 제치고 가운데 토막은 내가 먹었다. 결혼하여 시집에 들어가니 아홉 남매의 맏이가 나의 남편이었다. 갈치 한 마리는커녕 서너 마리는 구워야 입맛이라도 다실 수가 있었다. 나는 꼬리도 차지할 수 없는 서열 하위로 물러나 있었다. 그러나 시집올 때 같이 온 '○○'이가 눈치껏 한 토막씩 챙겨 두었다가 나에게 먹였다. 시어머니께서는 알고 있었으리라.

1970년대의 며느리는 시어미가 되었고, 우리의 며느리는 2000년대 출신이다.

내 친구 ○○여사 왈, 어느 가정 아침 식탁에 갈치 네 토막을 구워 놓았다. 식탁 앞에 부모 내외와 아들 내외가 앉았다. 며느리가 젓가락을 들더니 가장 큰 갈치토막을 집었다.(시어머니 긴장) 시아버지의 접시에 가겠지, 웬걸 며느리 접시에 턱. 시어머니 얼굴이 확 달아오르고 입에서 어떤 말인가가 나오려 했다. 빛의 속도로 자기 입에 젓가락을 넣었다고 했다. 며느리와 단둘이 있을 때 "아버지 먼저 드신 다음에 우리가…." 채 말이 끝나기도 전에 "어머니 저는 친정에서 제일 큰 것을 먹었어요."

하더라는 거짓말 같은 비꼬는 이야기. 그 주인공이 바로 나였던 것처럼 부끄러워 얼굴이 화끈했다.

나의 인내심을 살려준 것은 친정에서 잘 길러준 자존감이었다. 내 편은 없고 상대편은 시댁 식구 대군, 시집 문중에 뼈를 묻어야 한다는, 그 시대의 율법 같은 것을 공동운명체로 바꾸어 생각한 헌신(獻身)이었다.

시할머니께 서슬 퍼런 시집살이를 당한 시어머니의 얘기를 들으며 며느리 시절을 살아냈다. 그분들은 어쩔 수 없는 고난의 시대적 상황을 견디어냈다. 내가 정작 시어머니의 자리에 앉고 보니, 고난의 시대와 노력의 시대에 걸친 어정쩡한 시어머니가 되어있었다. 나는 며느리의 눈치를 본다거나, 아랫사람을 장악해야만 된다는 조바심이나 권리를 멀리 두기로 했다. 세대 간의 소통을 바라며 감성 시대로 가는 길과 타협하는 현명(?)한 시어머니가 되어가고 있었다. 나는 약간의 자유를 누릴 수 있는 빛줄기를 잡은 행운의 시어머니이기도 하다. 시어머니보다는 숨통이 좀 트이는 삶이었다. 며느리건 시어머니이건 서로의 입장을 생각해보며, 측은지심으로 접근해간다면 고부간은 호호 하하하지 않을까.

며느리는 남인가? '며느리밥풀꽃'의 억울한 며느리의 죽음은 누가 풀어 줄 것인가. 이런 전설들이 관계의 감성을 찾아가는 현시대의 며느리들에게 밑거름이 되었다면, 지혜로운 그들의 현명한 선택으로 갚아지고 있지 않을까.

밥은 나눌 때 생명을 이어갈 수 있다. 나누는 것은 배려요 사랑이기 때문이다. 곤궁한 이야기를 문장으로 풀어야 하는 추억이 슬프다.

어제 내린 비가 굳은 땅을 적셔 생물에게 활기를 준다. 좋은 것은 좋은 대로 이어받고, 나쁜 것은 반성하고 고쳐나가는 것이 인생이다. 내려오는 사연들이 가슴 아프다. 하지만 서민들의 소소한 역사가 보통사람으로 살아가는 후손들에겐 귀감(龜鑑)이 되지 않을까. 전해오는 이야기들이 지금 곁에서 함께 걷고 있으니, 우리의 정신 유산은 풍성하지 아니한가.

# 소리의 빛

요즘 빛의 소리를 듣고 소리의 빛을 본다. 소리가 빛을 낼 수 있다는 것을, 내 인생에 겨울이 오고 나서야 알았다. 아름다운 소리가 인생행로에 내려 쌓였던 눈을 녹여주고 있다는 것을 알았다. 가수는 음률을 들려주지만, 격정과 연민 환희와 빛을 보여주기도 한다. 내 마음을 설레게 하며 그리움의 가시거리를 좁혀주기도 한다.

경연프로그램에 출연한 모 무명가수에게 청각을 맡겨버렸다. 귀만 열고 눈을 감으면 어지러웠던 생각들이 파도에 쓸리듯 밀려갔다가, 다시 그리움이 되어 돌아온다. 눈을 뜨고 귀를 열면 그의 처연한 감성으로 일그러지는 모습을 따라가다 슬그머니 내 그리움 속으로 들게 된다. 세상의 모든 노래에 그 가수의 목소리를 입혀보았으면.

내 일생의 그리움은 글쓰기였다. 아주 긴 세월 마음에 담아

두고 그리워만 했었다. 연륜의 용기로 글을 쓰게 되었지만 지금도 그립다. 채워진 것이 많기 때문인가, 그리움에 체(滯)해서 끌려 나오지 못하기 때문인가. 쓴 글을 내가 읽어보아도 수긍이 되지 않고, 명징(明徵)이 더욱 어려울 때가 많다. 자식 같은 글을 사랑할 수가 없고 부끄럽다. 자기의 분신을 사랑하지 못하는 내가 무슨 자격이 있냐며 게을러진다. 그래도 사랑을 주고 싶어서 애쓴다. 노래를 들을 때처럼 감동이 오기를 바라며, 활자로 변한 글들을 자꾸 소리 내어 읽어보는 버릇이 생겼다. 가냘픈 안간힘, 그리움의 체증에 시달릴 때 내 머릿속은 오히려 텅 비어버린 듯, 기억을 기억해내지 못하기도 한다.

새로 부임해 오신 본당 신부님께 용기 내어 4년 전에 꾸민 책을 드렸다. 며칠 뒤 평일 미사 때에 수필 한 편을 낭독하셨다. 참 뜻밖의 특별한 피드백이었다. 전직이 성우였을까? 맑은 중간 톤이 쏙쏙 청각을 자극하는 빛나는 음성으로 퍼지는 소리글.

내가 쓴 글이면서도 먼 곳에서 들려오는 성(聖)음악 같았다. 그래서 더욱 내 귀에는 아름답게 스며들었다. 부끄러운 상황임에도 당연히 경청을 게을리 하지 않았다. 놀라운 것은 그 순간 나의 글이 빛이 났다는 점이다. 집에 돌아와 그 글을 소리 내어 읽었다.

제대 위에서 사제가 강론시간을 할애해 글 전체를 낭독해주신 「화 물리치기」라는 수필 한 편으로, 명치에 걸린 답답한 응

어리를 풀었다. 사제의 피드백이 작가의 고민과 흠집을 어루만져주고. 낭송으로 주신 성스러운 음성이 위로와 용기를 주었다.

남편은 청각 기능이 약해져 간다. 매사에 그를 이해시키려면 두 옥타브 정도 올려야 한다. 높아진 내 목소리가 제빛을 잃어 우울할 때가 있다. 서로의 기도시간이 겹칠 때면 남편의 비틀거리는 성가 소리에 내 감정은 뒤틀린다. 그럴 때면 싫은 소리를 했는데, 이게 기도하는 신앙인의 자세인가 되묻는다. 소리의 빛을 잃은 그는 자기만의 소리에 갇힌 것인가. 나는 나만의 소리에 도취해 그의 소리를 외면하는 것인가. 그의 청력은 나의 소리에 취약하다니, 이 어찌 같이 가는 부부의 행로인가? 그와의 하모니는 이제 다시 오지 않는 것인가.

아름다운 소리를 해석해서 들을 수 없는 것이 괴로울 것이라는 생각은 나의 착각일까? 내가 그리움에 체해 기억을 해내지 못할 때처럼, 소리에 체해 음향의 구분을 해낼 수 없는 것은 아닐까? 아니면 포기한 것은 아닌지.

그는 소리의 빛을 잃은 것을 한탄하거나 짜증 내지 않고 순순히 받아들인다. 그에게 들리는 소리는 나름 아름다운 소리의 빛일까? 빛으로 받는 신호일까.

지금 책을 꾸민지 오 년이 지나, 후속작의 분량이 넘었는데도 열매를 내지 못함은 글을 잘 쓰고 싶은 강박관념 때문이다. 나는 눈의 빛을 잃어가고 있기 때문이기도 하다. 노트북을 펼치면 금세 시야는 안개로 덮인다. 황반변성이 깊어져 시력을 삭히는 상태에서, 방황하고 우울해져 자판 위를 헛돌며 더듬거리는 손가락이 애처롭다.

문자의 모양을 소리로 보며 빛으로 새겨야 할까? 사제의 음성이 입혀진 글을 성(聖)음악이 이끌어준 감동인 듯한 착각에 빠졌던 때처럼.

그날의 현상은 뇌리를 돌며 맴돌며, 순간순간 소리의 빛을, 빛의 소리를 되돌리며 그리움의 기억을 찾아 문장을 이어간다.

# 하늘 땅

그때는, 자연 가까이에서 살고 싶다는 욕심으로 녹지를 뭉개어 집을 지었을까. 새들은 구릉의 울창한 숲을 사람들과 나누어 잘살고 있었다.

사람들은 요동을 쳤다. 이웃의 집들이 텅 비었다. 재건축이라는 기회를 놓치고 싶지 않았을 것이다. 어쩌나 까치들의 보금자리가 앉아 있는 큰 나무가 뽑혔다. 예부터 새 둥지가 있는 나무는 베지 않는다고 한다. 그래서 뽑아낸 것이겠지. 베어버린 것이나, 뽑아버린 것이나, 대형공사장에서 무슨 뜻이 있을까. 사람 중심의 일이라 나무꼭대기에 올라앉은 까치 둥우리는 안중에도 없었다. 사정이 여의치 않은 어떤 집들은 이사 기간을 놓치고, 까치와 함께 한동안 불을 밝혔다. 둥우리를 앗긴 까치들은 불 꺼진 침묵의 자리, 아파트 베란다에 새 보금자리를 지었다. 대궐 같은 둥우리를 지어 놓고, 새 생명을 품고 있다. 인간이 잠시 비운 것인 줄도 모르고, 횡재했다고 맘 놓고 새끼 치며 살려고 자리를 잡았나 보다.

철거작업자들이 아파트 터에 물린 경계에 쇠말뚝을 세우고 오륙 미터 높이의 가림막을 쳤다. 건축폐기물을 치우는 그 시각 안에 까치의 새 생명은 숨을 유지하며 무사히 날개를 펼 수 있을지 걱정이다. 매일 미사에 오가며 까치의 둥우리가 몇 채인지 세어본다.

지름길이 되는 아파트 사잇길을 없앴다는 안내문이 붙었다. 가림막이 쳐진 길을 버리고 두 블록을 거치는 에움길로 다닌다. 나에게는 아직도 익숙지 않은 도시인지라 만나는 것마다 새롭다. 서울에 살 때는 올림픽 주경기장 가까이 살았는데, 이곳에서도 종합운동장이 가깝다. 성당은 그 옆이다. 베트남 참전부대들의 깃발이 펄럭이는, 참전용사 기념탑의 모퉁이를 돌아 관악산을 바라보며 걷는 시원하게 뚫린 팔 차선 대로이다. 앞으로, 사오 년을 아파트의 조감도를 보며, 공사과정을 관찰일지 쓰듯 걸어야 하는 에움길이다. 조금 불편할 거라는 생각이 들지만 걷는 거리가 조금 늘어 난 것뿐이다. 걷다가 다리가 불편하면 길옆 공원 벤치에 의지한다. 일어나 조금 걸으면 내 마음에 그늘이 온다. 까치가 둥지를 튼 아파트 공사장이 보이기 때문이다. 콘크리트 구조물을 부숴대는 소리가 크게 들린다. 까치들의 쉰 울음소리가 처량하다. 이곳의 까치는 금년에 代를 건너뛰어야 할 것 같다. 도시의 까치는 천적이 거의 없을 것이다. 이렇게라도 개체조정을 해야 할 것이리라.

부(富)의 힘은 땅따먹기의 기술인가, 하늘이 내린 복인가. 땅을 넓게 가진 자는 권력이 덤으로 오는가. 도시마다 경제권자의 마천루가 키 재기를 한다. 살림집마저 펜트하우스라는 이름으로 하늘을 향하고 있다. 하늘 땅, 그곳에서 넓어진 자기 흙땅을 내려다보며 천년만년 잘살아보겠다고 흐뭇해 할 것이다.

땅따먹기에 밀려난 보통사람들은 기댈 곳이라곤 손바닥만 한 거처 하나뿐, 여럿이 힘을 모아 재건축이라 꾀하여 대기권으로 오르는 것인가. 땅을 밟고 넓혀갈 수 없으니, 그렇게라도 해야만 인생을 잘 살았다고 할 수 있는 것처럼 높이 오르고 있다. 높은 곳에 올라앉아 넓어진 마음으로 이곳이 내 세상이라며 만족할 수 있을까. 까치는 천적 때문에 높이 오른다지만, 인간의 욕망은 마음에 품은 바벨탑?

내가 이사 오던 해에 재개발에 들어간 아파트가 요즘 입주를 시작했다. 시장과 단독주택지역이었다. 주변의 고층아파트와 기조를 맞추기 위해 초고층으로의 신축이라 수익성이 좋다고들 했다. 높이 올라 스카이라인은 어지러우나 최첨단시설이다. 잘 꾸민 공원에는 값나가는 큰 소나무가 도시에 와서 몸살을 앓는다. 그러나 위용만은 여전하다.

맘속으로 그리던 드림아파트에 원주민들은 모두 입주했을까.

내가 오십 대 일 때, 아파트 재건축을 했다. 우리 아래층에 살던 할머니가 입주하는 날 이삿짐을 차에 실어놓고 세상을 떠났다. 6·25전란에 피난 나와 이루어 놓은 재산을 향유해보지 못한 채, 떠난 할머니의 마지막 길을 모두가 안타까워했었다. 많은 재산을 모았지만, 자손들에게 줄 것이라며 마음대로 쓰지 않았던 할머니였다.

입주권은 가졌어도 분담금을 마련할 여유가 없어 포기해야 하는 것이 재건축의 실상인가. 분쟁이라도 생기면 입주민의 부담은 무엇으로 메워야 할지 난감하여 골머리를 앓는다.

나는 꿈같은 새 아파트에 잠시 입주해서 사랑 땜 만하고 이사를 했다. 회사 가까운 곳으로 이사하기 위해, 비싼 값에 빌려주고 대출금을 해결한 실질적인 해법을 택한 기억이 난다. 우리의 젊은 시절은 대출금이 두렵지 않았었다. 절약이 몸에 밴 세대여서 맘만 먹으면 대출금쯤은 금방 모아 갚을 수 있었다. 한 번 얻은 직장에 천년만년 다닐 것처럼, 믿고 믿어주며 충직했었다.

보통사람들, 제 곁의 땅을 깎아 하늘 땅을 산 것인가. 대기권의 주인은 누구인가. 머지않아 그곳의 주인도 나타날 것인가. 그러기 전에 빨리 올라가 확보해야 할 것인가. 숲이, 숲이 아니고 빌딩을 숲이라 하니 피톤치드 흡입권은 어쩔 것인가. 혼자 걸으며 망상에 빠지니 숨이 가빠온다. 이웃 동네의 재건축 아파트는 기존 높이의 세 곱 정도 올라간다고 한다. 경제적인 이득이 세 곱이 될까, 보태고 빼고 나면 남는 건 그저 그럴 것이다. 집이 넓어지면 마음에 여유가 생기리라 믿어본다. 허름

하던 주거형태가 정돈되어 쾌적한 환경을 이루면 생각도 맑아지리라. 별다른 변수가 없으면 새 아파트는 5년 안에 완공될 것이다. 이주했던 가족들이, 또 다른 가족들이 모아들 것이다. 전에 알던 이웃이 입주했는지 알아볼 겨를 없이 남다른 인테리어 구상에 바빠질 것이다. 앞다투어 福을 쌓으며 삼천년기(三千年紀)를 향한 새로운 계획을 꾸밀 것이다. 다행히 구릉 공원과 산은 옛 모습을 살려 단장될 것이다. 까치는 그곳에서 살다가, 아파트 정원까지 땅 따먹듯이 넓혀 올 것이다. 새들도 새집을 지어, 내 땅이라 네 땅이라며 다시 어울려 살 것이다.

# 버들피리 불며 세월을 걷다

잠든 아기 볼에 입 맞추는 엄마의 숨결 같은 봄비. 보슬비 맞으며 봄 맞으러 휴양지에 왔다. 냇가의 수양버들은 회색과 연두색을 풀어 섞은 베일을 쓴 듯 나불거린다. 내 마음도 수양버들 따라 나긋해진다. 이곳에 초대한 이는, 나와 나이 차이 열아홉 살인 딸 같은 이웃이다. 그녀는 선뜻 둘만의 여행을 제시했다. 두 말없이 허락했다. 약속한 날짜가 다가올수록 여행이라는 이벤트에서 떨어져 나가고 싶다. 상대방 의견에 불만이 없는 한 일단 흔쾌히 대답해 둔다. 약속한 시간이 다가올수록 후회하며 부정적인 결과 쪽으로 흘러가는 불안한 마음. 그러다가 그냥저냥 행동에 옮겨보는 못된 버릇이 있다. 타인을 위한 배려인가, 비위 맞추기 위한 흐름인가. 그렇게 사는 동안 내 안에 참 '나'가 없는 공허가 느껴졌다. 위선(僞善), 위선 하다 보면 선(善)이 될 것이라는 막연한 삶이었을까. 안에 있는 마음이

밖으로 보인다는데, 나를 속이며 살아왔다. 속에 차 있는 것이 많아 뒤죽박죽이어서 개성을 찾아볼 수 없었다. 끝에는 배려가 나를 위한 것이기도 하다는 것을 알아버린 무던한 나이 든 여인이다. 함께하기를 원하는 친구가 많은 것은 내가 좋은 사람이어서가 아니고 좋은 사람 비슷하게 보여서일까. 아닌 것 같으면서 비슷한 것, 그러면서 통하는, 곁을 준 사람들과 편하게 잘 살아내기 위한 관계 행태일 것이다.

그녀는 이십여 년 같은 아파트에서 살았다. 세 명의 자녀를 키우면서 고단하고 쪽 시간이 아쉬울 텐데, 1박 2일을 즐겁게 해 줄 것이라 한다. 둘이서만 하는 여행은 처음이고, 자매간도 딸도 없는 나는 어떻게 행동해야 할지 조심스러웠다. 주는 것을 고맙게 받고 호강할 것만 기쁘게 받으리라 마음먹었다.

그녀는 자동차 주행을 서울 시내에서만 능란하게 할 수 있다고 했다. 지금 가는 길은 나를 데려가기 위해 몇 번 왔다 갔다 했다는 애교 섞인 고백이다. 형제처럼 가깝게 느껴져서 가슴이 따뜻했다. 감정이 벅차 잠시 목에 걸렸는지, 숨이 반 박자 멈춘 듯했다.

고향 마을을 닮은 고샅길을 걸으며 소녀처럼 깔깔대는 내 모습에, 그녀의 찰칵대는 손길이 바쁘다. 봄 향기에 취하고 우정에 감사하고 시골이면 다 내 고향인 것처럼 착각하게 하는 정경에 빠져들었다.

삼십여 년 전, 나보다 십삼 년이 어린 올케와 문전옥답을 둘러보았다. 논밭에 농수(農水)를 보내는 커다란 웅덩이 둔치, 연두색으로 치렁대는 버드나무 밑에 앉았다. 고택을 벗어난 여인과 이 집에 살려고 들어온 여인의 처음 데이트였다. 올케는, 시집온 지 십여 년이 지났지만, 이방인 같고, 대문에 들어서면서도 왜 들어가느냐고 질문을 한다고 했다.

올케, 너는 버들피리의 주인이다. 나는 버들피리에서 빠져나간 나뭇가지의 하얀 알맹이일 뿐이라고 생각했던 기억이다.

서울의 삶, 고향에서 지낸 세월보다 두 곱 이상 살았으면서도, 친정에 다녀오는 길이면 차에서 내리자마자 낯설다. 골목어귀에서 벌써 발이 뒷걸음치듯 한다. 타향에 살기 때문이라 생각했었는데, 배경이라는 옷, 부모라는 보호대, 내가 기획하지 않아도 되는 안일한 경제활동이 그리웠다. 하얀 속가지만 가지고 나온 나는 푸른 껍질을 입혀가며, 타성(他姓)의 가문을 일으켜야 하는 버드나무 가지일 뿐이라고 생각했을까.

버들피리, 새로 나온 부드러운 가지 끊어 잘근잘근 눌러 두 손으로 부드럽게 비비면 속 줄기와 껍질이 분리된다. 한쪽 끝을 훅 불면 하얀 나무 알맹이가 툭 튀어나온다. 봄을 여는 버들피리. 고향에 두고 온 버들피리.

가문의 DNA만 가지고 나온 나, 남의 길은 편해 보인다고 올케의 버들피리를 시샘하고 있었을까? 부모가 만들어 놓은 피리만 불면 될 것이라고 부러워하고 있었던 걸까.

버드나무는, 부지깽이로 3년을 쓰다 꽂아 놓아도 싹이 터서 잘 자란다고 행랑어멈은 아궁이에 불을 지필 때마다 중얼거렸다. 고된 삶의 한숨소리였을까. 이 나이 되어보니 굳센 삶을 다짐하는, 좋은 날이 있을 것이라는 속내였다.

소리 잘 내는 버들피리를 기다리면서 긴 세월 견디어 온 나, 거울을 본다. 화장을 좀 할까, 무슨 옷을 입을까 한참 생각했다. 그러나 그럴 필요가 없다. 언제 어디서 입어도 나를 밑 보이지 않게 하는 수필(隨筆)작가라는 옷을 장만해 놓았으니까. 수필이라는 단아한 옷을 걸치고, 버들피리를 만들며 하얀 속가지를 뱉어내고 있다는 상상을 하니 참 멋진 인생길이다.

아궁이에서 담금질 당한 부지깽이, 버드나무의 나긋나긋한 자태, 새봄을 알리는 버들피리 소리, 오리무중에 일어서는 꽃바람의 신비처럼, 버들가지 늘어지듯 써 내리는 글 솜씨가 아니라도 좋다. 마음을 풀어내는 문자를, 직조하고 재단하는 용기를 얻었기 때문이다.

여행에 초대한 그녀가 '외롭고 힘들 때 도와주어서 고마웠다.' 라고 할 때, 내 속을 들여다본다. 그녀에게 조언해줄 때, 이전의 내 마음도 위로받고 있었다. 정신적이거나 육체적으로 피로하고 생각이 뒤엉켜 안개 속일 때, 어제가 오늘의 교훈이 되고, 내일이 되면 또 오늘이 교훈이 된다는 것을 수필을 쓰면서 버리고 채운다. 나를 들여다보며 묻고, 따지고 다시 분석해서 답을 내는 것이 얼마나 마음 편한 것인지 알게 되었다. 그녀는 내가 지나온 길을 따라오고, 나는 막막했던 지난날을 유추할

짝을 얻는다. 이 나이에 이런 친구를 만날 수 있었다니 늘그막에 웬 횡재인가. 맘속에 또 다른 희망의 싹이 보인다.

시간은 가차 없이 스쳐 가지만, 운명은 시간을 주물럭거려 극에서 극적인 흔적을 남긴다. 작년에 왔다가 간 봄이 지금 와 있다. 조금 있으면 버들강아지 망울이 노란 콩나물 닮은 꽃을 피울 것이다. 종족보존의 이치에 따라 새로운 씨앗을 안은 수양버들의 구름 솜 강보는 멀리 가기 위한 수단일까. 공중을 떠돌다 멈추고 일렁이는 바람에 또 날아오르는 홀씨들이 호흡기에 영향을 준다 해도 버드나무 곁에 있다. 버들피리를 만들 듯 자근거리고 비비적거려 자연이 내게 준 시간과 뒤엉킨 운명을 마름질한다. 강 따라 길 따라 함께 걷는 안개 숲, 아침 햇살이 쥘 부채처럼 펴지며 안개를 걷는다.

# 발톱 세우기

내가 오직 하나 끝까지 붙잡고 있는 '청담수필' 교실. 해를 한참 넘기고서 모이는 날이다. 정선된 대화의 기본예의가 살아있는 곳, 설레고 기대가 크다. 코로나바이러스 감염증 19로 갇혀 지낸 '생각의 방'에서 갈무리해 온 회원들의 보따리가 궁금하다.

두 회원의 불참 선언, 큰형님은 건강상의 이유로 잠시 쉬시겠다는 전갈이다. 곧이어 멀리서 오시는 신사 양반은 신변정리를 이유로 모임을 정리하겠다고. 서운하고 허전하다. 우리는 너나없이 맘속으로 풍랑을 만들며 드나드는데, 허비하다가 지금의 안정기에 이르렀다. 글이 잘 풀릴 때는 경쾌하게, 글이 천지사방을 헤맬 때는 머리카락이 산발한 것 같아 신경이 곤두서기를 골백번. 그러나 마지막 잡은 희망에 충실 하련다.

요 며칠, 발가락이 아파서 절룩거리며 다녔다. 구역에서 성지순례를 간다고 한다. 거절할 핑계가 생겼다. 구역장은 만날 때마다 같이하자고 졸라댄다. 빨리 병원 가서 치료하라고 부추긴다. 병원에 갔더니 살 속으로 파고든 발톱을 뽑아야겠다고 한다. 겁이 덜컹 난다.

말 대접도 잘 해주는 동네 가정의학과에 갔다. 내가 의사인 양 그냥 치료해 달라고 억지를 부렸다. 소독하고 연고를 바르고 주사, 복용 약 주고 삼일 후에 다시 오라 한다. 통증이 사그라져 다음날 성지순례에 동참했다. 하느님과 하느님을 닮으려는 사람들과 함께하는 일이라서 충만한 은총의 하루였다. 경기도 용인에 있는 소박하고 포근한 '손골성지'다.

신앙인으로서 본분을 다할 때 신앙의 본질을 훼손하지 않을 것이라는 성지 신부님의 강론에 깊은 공감. 모처럼 나의 기복 신앙을 덧대어, 내 발톱의 치유를 빌었다.

쉰 살을 갓 넘긴 혈기왕성한 사무 능력 출중, 진급하여 한가득 기쁨이 넘치던 조카 다니엘이 심정지로 떠났다는 전갈이다. 삼 년 전 남편을 잃은 사촌 시누이의 둘째 아들이다. 절룩거리며 눈물의 검은 행렬에 합세했다. 큰조카에게 '너의 엄마가 가장 슬픈 여인이 되었다'고 일깨워주었을 뿐이다. 지금 시누이 마음은 어떤 위로의 말로도 어루만져질 수 없었다.

그다음 날, 바깥사돈 별세 또 검은 정장하고 절룩거리며 외출. 운동화 속에서 밀쳐내고 버티어낸 발톱은 내내 고통의 한 주간이었다.

복잡한 사건 중에도 약을 제 때에 먹어 주어 통증은 가신 듯

했다. 예약한 날을 며칠 놓치고 병원에 갔다. 파고들려고 누워 있는 발톱 끝을 조심스럽게 달래주면서 깔짝깔짝 쑤석거려서 끝을 세웠다. 3밀리미터도 안 되는 것이 살 속을 파고들어 발끝에서 갈근거리더니 일어섰다. 발톱은, 이제 앞으로 길러져 나아갈 일만 남았다.

발톱을 세우는 것은 맹금류가 목표물을 발견했을 때의 준비상태, 지금 나도 그런 것인가. 무엇을 움켜잡으려는 것일까. 나에게 남은 마지막 보루를 견지하려는 자세인가. 마지막 잡은 인생의 황금기를 그답게 꽃피우려는 안간힘인가. 우리가 움켜쥐고 싶은 것은 좋은 것들이다. 그것들은 남에게도 필요하고 욕심나는 것들이겠지. 나에게 꼭 필요한 만큼만 움켜쥘 수 있다면? 쉽지 않은 인간들의 행위이다. 그것들은 우리가 움켜쥐고 있는 욕망의 발톱을 펼쳐 널리 쏟아버렸을 때, 최상의 것으로 세상을 밝히지 않을까.

내 존재의 의미는 하느님의 뜻인 것이다. 최소한의 의무와 책임을 다할 것이다. 티끌만한 발톱 한끝 자리가 온몸인 양 온몸에 고통이 온다.

'나' 하나의 의미를 비견해 본다. 세계인구 分의 하나인 나지만, 나에게는 전체요 가정에서는 중심이다. 내가 속한 집단에서는 하나의 유기체인 기둥이다. 기둥 하나가 부실하면 대들보에 영향을 끼친다. 나의 건재가 다른 회원들과의 약속과 목적을 위한 힘이 될 것이라 믿는다. 나 하나의 존재의미는 다른 하나하나와 함께한다는 것이다. 다른 하나하나의 건재를 보살피며 아름다운 내면을 표현할 것이다.

# 칠공 팔공의 저력

'청담수필' 회장이 전자책을 냈다. 항상 활력이 넘치고 끝마무리를 확실하게 하니 당연하지만, 유럽 여행기, 동화책에 이어 디카시집을 냈다. 남아있는 앞길이 짧은 나에게는 충격이 아닐 수 없다. 그도 70이 되었지만, 그때 나는 실험작을 쓰고 있었다. 10년이면 변한 것이 있어야 하지 않을까?

아무래도 나는 글나무가 아닌가? 첫 번째 책을 출간한 지 8년이 지났으나 아직 잠자고 있으니 한심하다. 청담수필 동호회가 수필집을 발간한 지 10년이 되었다. 무엇인가 해야 하지 않느냐는 의견에, 시선이 나에게 집중된 듯하다.

'두 번째 책을….' 하며 속으로 얼버무리는 얼굴이 따갑다.

'쟁기를 잡고 뒤돌아보지 마라.'

나는 그러고 있었나 보다, 추수할 것은 많다는데, 나에게서는 알곡이 보이지 않으니 난감하다.

정신을 차리고 마음을 가다듬어, 그동안 모아두었던 사진을 꺼내 눈이 시리도록 들여다본다. 예전에 시를 붙여두었던 사진을 거울삼아 시어(詩語)를 달았다. 칠공인 회장에게 카톡으로 보냈더니 만들어보자고 희망을 준다. 사진을 보며 시어를 달고, 전송하고 작가의 말 구상하고, 구분 지어 꾸몄다. 표지 디자인은 어찌 그리 마음에 드는지…. 일주일 만에 만들었지만, 최선을 다하였다. 칠공, 팔공이 이마 마주하고 고심 노력한 끝에 출판사에 보냈다. 2~3일 심사를 기다리는 동안 긴장되어 몸이 굳은 듯 몸살이 난다. 단번에 통과되었다는 문자가 왔다. 38도의 무더위가 싹 날아가 버렸다. 얼마나 몸 달고 마음이 깎이었던가?

밤늦게 퇴근한 아들에게 뒷마무리로 책 주문을 부탁했다.

"칠공! 팔공! 존경합니다!"

한마디에 수필집도 빨리 구성할 힘이 생긴다. 항상 우리만의 리그로 그치는 외로운 문학인들의 고충을 실감한다. 나 한 사람의 힘이라도 더 보태야지 하며 글을 쓰는데, 젊은이의 한마디가 이리도 희망을 준다.

이렇게 책이 빨리 올 줄이야, 나는 감격해 가슴이 뛰는데, 남편은 시큰둥하다. 그래도 개의(介意)치 않는다. 나 좋아서 하는 일 동호인들과 함께 좋아하면 그만이다. 그래도 손녀에게는 축하를 받았다. 손녀가 유치원 다닐 때 그린 그림을 찍어 '사도 바오로'의 말씀으로 시(詩)옷을 입혔다. 할머니 대단하다며 감탄

사 연발. 어리지만 벌써 지난 일이 그리운가? 추억은 인생의 고비마다 아름다운 상상의 심지가 될 것이다.

'희망은 우리를 부끄럽게 하지 않는다.'(로마서 5/4~)

# 3.
# 얼룩말의 춘분

# 박제된 인연

냉동실 문을 열 때마다 마주 대하는 커다란 도미 한 마리, 진공 액자 속의 그림처럼 붙어있다. 그 자리가 갤러리의 벽이라고?

보내준 친구의 마음을 생각하며 1년 가까이 걸어뒀다. 사무관으로 퇴직하고 영주에 가서 사는 친구가 도미를 보냈다. 산중에서 웬 생선! 아날로그 세대는 속일 수 없나 보다. 포장을 여니, 금방 바다로 튀어갈 것 같은 한 자 반은 될성부른 도미 삼 형제가 동그란 눈을 멀뚱거리고 있었다. 살아 있는 물고기를 손질하여 진공포장 한 것인가 보다. 크기에 놀랐지만, 비린내와 요리할 일이 걱정되었다. 좋은 선물은 나누는 것이 우선이라는 마음으로 옆집에 한 마리를 보냈다. 나이가 있는 분들이라 요리하는데, 어려움이 없을 것이라는 생각이다. 옆집 형제님은 주말농장에 다녀올 때마다 채소를 주었었다. 답례할 것이 마땅찮아 받은 채소를 열심히 조리하는 것으로만 보답했다. 귀한 생선을 맛있게 드셨다는 인사를 받은 지, 몇 달 되지 않은 어느 날 형제님을 뵐 수 없다고 했더니 눈물 먼저 글썽였다. 코로나 감염증 19가 한창 성하던 기간이라 허술하게 보내드린 것이 허망하기 짝이 없다며 자매님은 울먹였다. 귀한 생선을 잘 드셨다는 형제님의 모습을 또 얘기했다.

며칠 지나니 도미에게 눈길이 익어, 역했던 비위가 가라앉았다. 며느리와 생선요리의 세계를 여행하다가 요리비법을 찾아냈다. 집에 있는 프라이팬이 작아서 생선 크기에 맞는 팬을 구했다. 만능요리사 P선생의 요리법을 응용하여 그대로 실행했다. 온 가족이 요리다운 음식을 만들어 먹었다는 것이 친구에 대한 감사의 표시이다.

한 마리는 아직도 냉동실 문을 열 때마다 얼음 박제된 몸을 반짝인다.

요즘, 2차 대전 때에 일본에서 만나 사랑하게 된 미군과 일본 여인의 이룰 수 없었던 사랑 이야기가 회자 되고 있다. 전쟁이 끝나 미군은 결혼을 약속하고 고국으로 돌아갔지만, 현실의 벽에 부딪혀 만나지 못했다. 미군은 칠십여 년을 한 여인만 그리워하며 살았는데, 만나게 되었다는 가슴 저리고 아름다운 결말. 그는 첫사랑을 박제하여 마음에 두고 그 오랜 세월을 기다렸을까. 일본 여인은 첫사랑의 씨를 몸에 키우며 새 생명을 간직했다고. 그녀는 첫사랑의 혼혈 아이를 보호하기 위해 외국

인과 결혼하였다고 했다. 여인은 매 순간 사랑의 기운으로 새 생명을 키워내며, 연인에게서 박제된 사랑을 되살려내고 있었던 것일까?

나는 박제된 새들 속에서 공부했었다. 4학년 때 전학 간 학교 교장실 장식장에, 교무실 복도에도 박제된 동물이 사냥꾼의 훈장처럼 서 있었다. 처음 만났을 때는 기이하고 무섭고 그것들이 살아 달려들 것 같아 두려웠다. 나는 두려움을 달래려고 박제된 새들에게 마술을 걸었었다. '날아라, 날아라, 훨훨' 하며 날아가기를 바라는 주문을 외워 주었다. 박제된 새에게도 날고 싶은 꿈이 있을 거라고 엄마에게 말했더니, 그럴 거라며 "너도 꿈을 널리 펴라." 했다. 그 말을 잊을 수 없었지만, 인생을 설계한 대로 살아갈 수는 없는 일이다. 수많은 변수가 닥쳤을까, 그것들을 어떤 모습으로 박제해 놓았나 헤아려보다가 지쳤다. 일상의 소소한 것들마저 나중에, 나중에 하면서 나만의 박물관(?) 어둑한 코너에 밀쳐두었을까. 많은 것이 널브러지고 엉켜있다. 그것들은 나의 눈길을 손길을, 마음 씀을 고대하고 있었을 것이다. 작은 것들을 소홀히 여기지 않고 그때그때 해결했더라면 큰 것들을 두려워하지 않았을 것이다. 결국, 박제된 꿈을 살려내는 것은, 굳은 의지와 적극적인 현실참여일진대, 부족했던 노력을 외면하고 운명이나 팔자라고 변명해도 합리화할 수 없다. 나이 들어 더듬어 보니, 나에게 와야 할 일은 결국에는 오고야 말았다. 세파와 연륜으로 다진 의지력으로 박제된

상처의 말라깽이 껍질을 자주 만나면서 적시고 녹여서 한 겹 두 겹 벗겨내는 중이다.

내 안에 박제를 만든 것은 자신이기 때문에, 상처의 박제는 나에게서 끝나게 하는 것이 마음의 평화이다. 숨겨둔 박제는 내가 찾아내어 화해시키면 현재가 되고, 미래는 또 새로운 현재가 될 것이다. 이 시간과 공간은 소중하다. 냉동고 속의 빨간 도미를 볼 때마다 오래도록 지켜온 그와의 우정에 감사한다.

# 백지수표

'웃음은 지갑 속에 든 수표다.'라는 말 중에 웃음과 수표의 조합이 지갑의 꼬리를 잡는다. 내 손을 거쳐 간 여러 종류의 지갑을 그려보며 피식 웃었다.

젊은 시절, 외출할 때면 세종대왕 신권으로 맞추어 서른 장 정도를 지갑에 넣었다. 그래야만 무슨 변수가 생겨도 원활하게 처리할 수 있을 거라는 든든한 믿음이었다. 지니기 간편한 수표는 사용할 때 번거로웠다. 요즘은 신용카드나 스마트 폰이면 결제가 해결되는 세상, 나에게도 이제는 지갑이 소용되지 않는다. 주머니가 많은 옷을 선호하는 편이다. 다시 웃음과 수표를 간수하기 위해 장지갑을 준비해야 할까?

천구백칠십 년대 말, 대학에 입학하는 시동생의 등록금을 내러 갔다. 수표로 만들면 좋을 터인데, 그때는 해당 대학의 경리과에서 현금으로 받았다. 지방에 있는 대학이라 고속버스를 탔다. 대학 수납처에 도착하여 가방을 열었는데 옆구리가 터져 있었다. 순간 피가 위로 솟는 듯 코가 매콤하고 가슴이 철렁했다. 가방을 뒤적거려 볼 기력도 없었다. 그러나 등록금은 무사했었다. 지갑을 이용하지 않았던 것이 주효했다. 현금을 책갈피 사이사이에 넣어 밑에 깔고, 차에서 읽을 책을 위에 둔 것이 검은 손을 이겼다. 남편이 외국 출장에서 사 온 가방이 반뼘 정도 면도날로 베어나가 폐기될 지경이 되었다. 명품가방은 훼손되었으나 젊은이의 지식을 쌓아 미래를 넓히기 위한 절실함은 지켜주었다.

집 계약금을 받았다. 매수인은 수표나 계좌이체로 하면 될 터인데, 오만 원권을 보스턴백에 담아왔다. 무게도 무게였지만, 계수기를 이용하는 데도 시간이 오래 걸렸다. 거기에 한 장이 비었다. 백 장씩 묶음으로 도장이 찍혀있었지만, 은행직원의 계수가 아니었으면, 난감할 뻔했다.

여러 번 집을 사고팔고, 돈을 만지면서 돈에 질려버렸다. 예전에, 은행 근무를 요청받고 거절했다가 후회한 적이 있었다. 아마 허락했어도, 이 정도의 돈을 보고 질렸으니 진즉 퇴사했으리라.

나는 요즘 돈 쓸 곳이 줄어졌다. 은행에도 가지 않는다. 경제권을 남편에게 넘겼다. 그는 돈 찾아 쓰는 재미가 늘었다. 얼마를 어디에 소비하는지 모른다. 각종 영수증과 통장 잔액이 계산서다. 평생 본인이 축적한 것이니 실컷 써 보라고 믿어 본다. 40여 년, 살림과 씨름하다가 쉬고 있는 손이 편하다. 언젠가는 남편도 자산이 삭아가는 것에 불안해지겠지만, 지금은 나의 작은 화수분이다. 요구만 하면 그때그때 그의 비싼 지갑에서 솟아 나온다. 어쩔 땐 돈을 주면서 즐거워하는 듯하면서 공허한 웃음과 공(空)수표의 겹쳐진 면이 보일 때가 있다. 그런 면을 보는 것도 백지수표 받은 만큼 재미있다.

'웃음은 지갑 속에 든 수표다' 많을수록 좋다? 웃음은 수표와 대등한가, 웃음은 인간의 뇌가 만들어내는 계획 없는 몸짓이며 순수한 특권이다. 많이 웃을수록 행복해진다고 하니, 대부분 사람은 돈하고 행복을 평행선상에 두고 있는 듯.

하늘은 우리에게 운명이라는 백지수표를 주고 인생을 꾸려가라 했을까?

수표를 사용할 때 웃음을 플러스하는 계산법을 입력해 놓지 않았을까. 상상해본다.

# 무디어진 전지가위

도라지를 다듬다가, 싹 눈이 몽근 뇌두를 흙에 묻었다. 싹이 나오더니 금방 웃자라 높이만 뻗어간다. 순 하나에 꽃 한 송이가 필 것 같아 아쉬웠다. 더 여러 송이 볼 양으로, 아버지께 받은 전지가위로 중간 순을 잘랐다. 싹둑 상큼하게 잘리지 않고 하얀 속 줄기를 남기며 꺾이어 늘어졌다.

'가신 지 오랜 아버지처럼 너도 힘이 없구나' 서툰 가위질에 아버지 생각을 빗대며 축 처진 가지를 다시 질러 주었다.

새순이 세 개씩 나왔다. 서너 배로 늘려 볼 것 같았다. 여전히 키만 위로 올라 연두색 꽃망울을 만들더니 흰색이 되었다. 백도라지 꽃일 거라 좋아했는데, 입추 무렵 청초한 보라색 얼굴로 웃는다. 요즘 예년과 다른 작열하는 햇볕과 사람의 체온을 웃도는 기온 때문인지, 보라색 꽃은 익어가면서 하얗게 바랬다. 내 눈에만 그렇게 보일까, 나이 든 약시의 환상인가 황반변성의 파노라마일까.

과거의 노예인가, 기억의 심복인가. 나에게는 추억의 낚싯바늘이 촘촘히 매달려 있어, 시간만 나면 낚시질감을 노리고 있다.

베란다에 나가면 무디어진 전지(剪枝)가위와 닳아서 작아진 호미가 인사한다. 그것들은 내 손에 익은지 오십여 년이 지났다. 처음 아파트를 샀을 때, 아버지가 회색빛 콘크리트 건물을 보시고 삭막하다며 천리향과 옥매화를 안고 천 리를 달려왔다. 천리향은 천 리를 달려 나에게 오는 아버지의 기쁨이고, 옥매화는 내가 아이일 적부터 눈에 밟힌 꽃이다. 옥매화는 곧게 뻗어 올라간 가지의 꽃눈마다, 몽글몽글 귀엽게 뭉쳐 구름 솜처럼 포근한 흰 꽃이 핀다. 옆으로 나란히 잘 번져 자란다. 이 나무들과 함께 고향 흙이 묻은 호미와 전지가위도 따라왔다. 이 가위로 나뭇가지를 잘라주며, 천리향을 30년 가까이 잘 길렀다. 아파트에서 관리하기가 힘들어, 다시 천 리 길을 되돌려 아버지 집에 보냈다. 그다음 해, 아버지가 돌아가시자 죽었다. 옥매화는 삼성동에 와서 화단에 심었다. 땅심을 받아 풍성한 꽃을 보여주었다. 처음 보는 꽃이라고 동네 친구들이 좋아했다. 다른 집에 분양하기도 했다. 아파트를 짓게 되어 흐지부지 어디론지 숨어버렸다. 분양해간 이들도 재건축으로 인하여 돌볼 겨를이 없었다고 한다. 새로운 아파트를 짓는다는 경제 논리에 들떠 정서 심리를 잠시 미루어 놓은 것일까. 신기한 외래품종에 인기를 빼앗겼는지 고향 동네에서도 자취를 감춘 지 오래되었다.

아버지의 나이를 넘어서서야, 나무의 우성을 기르기 위한 것뿐 아니라, 인생길에서도 취사선택의 가지치기가 중요하고 시기적절했어야 했다는 것을 깨닫는다.

나뭇가지를 싹둑싹둑 자르면 금세 건강한 햇순이 나온다. 새로운 것과, 큰 것을 갖기 위해 무리하게 끊어내지 않았을까. 남의 말을 야멸차게 내쳐버리지는 않았는지, 내가 놓치고 잡지 못했던 아쉬운 것, 인간관계의 사안들을 들춰내어 살펴보는 시간을 갖게 된다. 나이 들어 조용히 살면 되는 줄 알았는데, 네트워크 정보에 얽혀진 세상은 무디어진 나의 뇌를 또 단련하라 한다.

무디어진 전지가위와 가장 친한 나무는 금귤나무이다. 먹다 버린 씨앗이 흙을 만나 명줄을 이이갔다. 삼십여 년, 곁에서 눈 맞추며 가시로는 나를 건드려 수시로 자기 존재를 확인시킨다.

연녹색 새싹이 피면, 푸딩을 채 썰어놓은 것처럼 부드러운 가시가 잎 곁에 서 있다. 여린 가시를 손톱으로 똑똑 끊어줄 때면, '나는 부드러워요' 하듯 주위에 휘감기는 풋귤 향기는 아무나 접할 수 없는 향이다. 가시가 억세어지면 가까이 가는 나를 아프게 한다. 금귤나무 가시는 수시로 다듬어 주어야 나무와 내가 잘 지낼 수 있다. 자연을 자연으로 지키지 못하는 환경을 받아들여야 하는 금귤나무와 나. 내 키만큼 자란 금귤나무는 뿌리 뻗을 자리가 좁다. 더 큰 화분으로 옮겨주고 싶어

애썼는데 내 힘만으로는 부족하다. 장가가는 것이 싫다는 아들처럼 좁은 화분에서도 물만 주면 생생하다. 꽃을 피우지 않으니 가끔 예쁜 꽃수를 놓은 손수건을 빨아 널어, 호사를 시키기도 한다. 나는 금귤나무와의 교감을 글로 지어 작가가 되었다.

그리움이 흐르는 '가시 사다리'를 오르내리는 고명딸이 안타까웠을까. 날마다 무뎌진 전지가위는 내 손을 붙든다.

# 아버지와 호미

호미의 머리 부분을 학(鶴)이라 한다고, 어렸을 때 들었다. 사랑의 표시, 심장의 표현 하트를 반으로 접어놓은 잎사귀 모양이다. '너의 힘으로 사랑을 펼쳐서 북돋워 주라'는 듯. 인체의 화학 공장인 간(肝)을 닮은 모양이기도 하다. 머리에서 목선이 길게 뻗어 나와, 만지는 이에게 흙 맛을 전해준다. 부드러운 느낌으로 경작하라는 듯 손잡이는 나무로 감쌌다.

몇몇 세대를 이어오는 장인의 손끝으로 풀무질하고 두들기고 담금질을 반복하는 역(力) 작업이다. 호미는 기계화되지 않은 우리나라 대장간의 예민한 손기술로 만들어진 것이 잘 닳지 않고, 잘 부러지지도 않는다고 한다. 요즘엔 스테인리스 스틸 재질로 만들어진다고 하니 녹슬음 방지와 잘 닳지 않아 우리나라 농촌에서 인기가 있다. 경작지가 山 벼랑 자갈밭인 동남아뿐만 아니라, 트랙터의 천국이라 일컬어지는 농업 대국들이, 우리나라의 대장간 호미를 수입해 간다는 뉴스를 접했다.

"너의 아버지는 호미처럼 살기로 했단다."

할머니는 수틀리는 일이 생겨 속상하면 아버지가 미워지는지 이 말을 입에 올렸다. 농부가 될 것인가, 그럼, 외국 유학은 왜 했을까…. 나도 아버지가 높은 사람이 되었으면 했다. 가끔, 할머니의 구시렁거리는 표정이 떠오르면서 아버지와 호미가 오버랩 된다. 아버지와 나는 좀 엉뚱한 비유를 하는 것이 닮았다. 그래서 아버지를 이해하는 글을 쓰고 싶었을까.

해방 후, 고향에 돌아온 아버지는 군수 자리를 권유받았다고 한다. 단번에 거절하고 중학교 평교사가 되었다. 지방에서는 힘을 좀 쓸 수 있는 자리인데 거절하다니, 아는 이들은 모두 의아했고 문중에서는 아쉬워했다. 삼촌과 당숙들은 아버지를 이상한 사람이라고 했다. 공부한 걸 풀어서 나라에 보탬이 되는 것이 권좌에 앉는 것, 군수 자리가 큰 권좌는 아니었지만, 더 높이 오를 수 있는 발판이었을까. 보통 사람들은 그런 생각을 했을 것이다. 나는 커가면서, 아버지의 '호미처럼'이란 그 말을 이해하며 새겼다. 아버지는 6·25전란 후 광주에 큰 중학교를 짓고 교장이 되어, 우리 가족을 본가 외딴집에 두고 지방 신설 학교에 부임했다. 아버지는 주말이면 집에 와서 온 들판의 벼 생육 상태를, 정원의 수목을 살피고 텃밭을 가꾸었다. 아버지가 다니는 정원 곳곳에 호미가 나무에 걸려있었다. 그것이 아버지의 효율적인 작업방식이라고, 농사일을 전혀 하지 않는 삼촌은 자기변명인 듯, 비꼬듯 했다.

중학교 때, 군수와 교장선생님 중에 누가 높은지 비교하는 웃기기도 한 씁쓸한 다툼이 있었다. 아버지의 친구인 한문선생님이 "당연히 교장선생님이 높지" 하였다.

자존심과 권좌의 끝은 어디일까. 내가 중학교 2학년 때, 4·19학생운동이 일어났다. 우리는 무엇이 어찌 되었는지도 모르는 채, 고등학교 선배들이 시키는 대로 군수를 쫓아내는 데모에 가담했었다. 군수는 아버지의 친구였다. 나의 아버지가 아니라서 안심이었을까. 나는 그 자리에서 슬그머니 빠져나오고 말았다.

호미가 트랙터에 대적하는가? 파트너인가. 거대한 힘의 상징, 정글도 휩쓸어 버리는 대량생산의 원천, 인력난의 대체 수단 트랙터. 그러나 구석진 땅이나 섬세한 화초 모종에는 사람의 손에 들린 호미가 제격이 아닐까.

사람의 힘은 도태되는가. 모든 용구는 사람을 위해서 사람의 기술로 만들어지고, 사용 방법도 사람이 익히 알고 사람이 중심이다. 호미는 정원 가꾸기의 필수액세서리이다. 최소한의 힘으로 최대한의 효율을 낼 수도 있다.

아버지의 꿈은 육영이었다. 누구나 마음 놓고 배울 수 있는 학교를 세우는 것이었다. 아버지는 넓은 땅을 가졌다지만, 경제 능력은 호미에 비견된다. 재물의 힘이 트랙터 같은 삼촌이나 어마어마한 재산가인 지인과 인척들에게 사업계획을 제시하고 설득해 보았다. 학교 장사라고 치부하는 경제 논리에 익숙해진 산술(算術)에는 물러섰을 수밖에 없었다고. 간신히 얻은 지원군들과 정신력은 활기찼으나, 중심축인 경제력 부족으로 충실한 계획서만 남았을 뿐이다.

새로 지은 학교에서만 평생을 보냈고, 학교를 원도 없이 지었으니, 한(限 한)은 버리라고 지인들의 위로를 받던 아버지. 정년퇴임 후 일흔다섯, 세상 뜰 때까지 사립학교의 상황을 외면하지 못하고 그곳에서 만년 교장의 틀을 완수했다.

아버지 임종을 지킬 때 아버지에게 속삭였다. 아버지의 많은 제자 중에서 육영의 길에 매진할 인재가 나와 그 꿈을 이어갈 것이라고….

새싹은 호미의 북돋움 받아 뿌리 내리고 무성한 잎채소가 되어 열매를 맺고, 종자를 퍼뜨린다. 호미의 역할은 아기를 기르는 어미의 손길 같다고 할까.

우리 집 호미는, 화분만 가진 나와 살고 있으니, 목부작(木部作) 화분에 기념품처럼 걸려있다. 이제 내 만년(晩年) 일상의 글밭에 지혜의 꽃을 심으러 내려올 것인가.

# 면주머니 속의 비밀

수필 수업시간, 선생님의 책상 위에는 진노란색 물병과 누런 면주머니가 그 옆에는 필통이 놓여있다. 면주머니는 채소 단을 묶는 뻣뻣한 끈으로 묶어져 있다. 무엇이 들어 있을까 적어보라 한다. 선생님의 손짓으로 보아, 면주머니는 가볍지도 무겁지도 않다. 방 안은 숨소리도 멈춘 듯하다. 문우들은 속을 보여주지 않는 면주머니를 생각으로 들여다본다. 문우들이 여러 가지 물건을 생각으로 만들어서 넣었다 꺼내고 또 꺼내 본다. 내가 꺼낸 것은 메모리 뽑기, 갑자기 당이 당기는지 초콜릿, 예쁜 돌, 오이 등이 어지럽게 삐어져 나왔다.

다양한 물건을 얘기했지만, 다 아니었다. 미용 가루! 우리는 의외의 물건을 보며 폭소와 충격으로 공감한다. 여자들은 환영했다? 선생님의 고운 피부를 유지해 주는 비법 가루일까. 일곱 가지 곡식을 곱게 갈아 만든 것이라고, 구매할 수 있는 곳을 일러 주어도 사러 가지 않을 것이라며 한 포씩 나누었다. 아름다워질 희망을 나누어 갖고 집에 오자마자 거울부터 보았다. 세월의 훈장이 여러 모양으로 펴져있다. 게으름이 피운 꽃 검버섯, 일상에서 빛나는 별꽃 주근깨! 마스크를 오래 써서 누리끼리 거무튀튀한 얼굴을 '나'라고 인정하고 싶지 않다. 바로 세수를 하고, 젖은 손가락에 미용 가루를 묻혀 펴 발랐다. 팔 종류의 냄새가 비릿하지만 싱그럽게 코끝에 감긴다. 내 얼굴을 생기 있게 해줄 특효 요법이 될 것이라 믿어본다. 문질러 닦으니 벌써 부드럽고 촉촉하다. 밑 화장을 하지 않아도 될 듯해서 그대로 두었다. 다음 주에 만날 때는 많이 달라져 있을 것이리라.

나는 이 가루 비슷한 걸 알고 있다. 이 비밀은 내가 어렸을 때, 보아온 것을 소환해온 것이다. 우리 할머니의 비법이기도 했다. 이 가루를 만들 때면, 조그맣고 곱게 생긴 맷돌을 직접 돌렸다. 강너머 넓은 밭에서 온갖 잡곡을 생산했다. 녹두, 적두, 밀과 보리를 선별했다. 장독대 옆, 큰 살구나무에는 해마다 많은 열매를 매달았다. 먹고 남은 살구씨를 모아 말려 두꺼운 껍질을 벗긴다. 연미색 속씨를 말린다. 살구씨는 잡티를 예방하거나, 없애준다는 설이 있었다. 이 곡물들을 곱게 갈아 고운체로 쳤다. 고모를 위한 미용품이라고 했다. 우리 고모의 피부는 백옥 같았다. 가끔 친정에 오는 연세가 아주 많은 고모할머니의 피부도 그랬다. 우리 어머니의 피부는 황색인종의 기본색이었다. 그래서 나도 백옥 피부는 아니다. 고모가 시집간 뒤에는 어머니를 위해서 그렇게 했다. 서울댁이 시골 땡볕에 그을리는 것이 안타까웠을 것이다. 중학교 3학년 때부터 내 이마에는 여드름이라는 뾰루지가 하나둘씩 생겼다. 하나가 죽으면 또 하나가 이어갔다. 그 가루는 나의 것이 되었다.

삼촌은 독일에서 발명했다는 여드름 치료제를 구해왔다. 온 집안은 나의 여드름이 화제였고, 치료 방법을 구해 오느라 애썼다. 작은 맷돌 돌리는 일을 어머니가 했다. 어머니의 수첩에는, 녹두는 해독과 중화, 적두는 부기와 노폐물, 밀은 미백, 보리는 해열이라고, 은행 몇 알과 살구씨, 율무(구하기 힘듦이라고)도 메모 되어 있었다.

여드름은 사춘기에 기인한 것일까, 샘물이 내 체질에 맞지 않아서 그랬던 것이었을까. 서울에서 생활할 때는 시들고, 시골집에 가면 또 성했다. 이모부가 독일에서 구해온 'PH5' 세안 비누와 할머니가 내려준 비법 미용 가루가 주효했을까. 세안수에 유황과 붕산을 넣어 정수한 물도 한 몫 했을 것이다.

결혼하고, 나이 들어서는 미용 가루를 우유나 꿀에 개어서 썼다. 중년이 넘어가니 게을러져서 소홀해졌다. 아들이 성장하니, 리프팅 크림이나 화이트닝, 주름살 개선제를 구해 오더니 이제는 시들하다. 자기가 사다 준 화장품으로 너무 젊어졌다고 놀리면서 이제는 그만 쓰라고 한다. 조금 섭섭하지만, 수필반에서 받은 자극과 자연 비법 미용 가루로 지금부터 내가 다시 하면 된다.

무뚝뚝한 줄만 알았던, 열여섯 살 손녀가 다이어트를 한다고, 우리 집에 오면서도 자기 먹을 것을 손수 준비해 왔다. 요즘 다이어트 춤도 배운다며 할아버지 앞에서 추어 보기도 한다. 자기 일을 스스로 해결하는 손녀의 교육은, 일차적으로 성공한 듯, 며느리에게 찬사를 보낸다. 손녀의 오동통하고 귀엽던 옛 모습이 떠올라 웃음이 절로 난다. 아이는 키우는 사람의 식성과 체질을 닮아갈 수 있다고 한다. 내가 2년 동안 손녀를 키우면서, 이유식 재료를 선별하고 식습관을 조정했었다는 비밀을 안다면, 이제 손녀도 미용에 눈을 돌릴 것이다. 나도 할머니로서 이 미용 비법을 전수해 주어도 될까?

지금은 모든 것을 정보가 가져다준다. 손가락 하나면 다 구할 수 있다. 디지털 지수가 상승해 가는, 요즘의 MZ세대에게 먹힐 것인가가 관건이다. 그래도 유기농 곡물가루로 예뻐진다면 솔깃할 것이다.

오늘의 문명은 옛사람들의 자연을 활용한 지혜와 실험정신과 노고가 밑거름이 되지 않았을까. 내 모습으로 증명해 보이면 어떨까. 또 한 가지의 목적이 생기다니, 더구나 열여섯 살의 시절을 그려보며, 건조했던 피부가 촉촉해 지리라 생각하면 기운이 난다. 내 일상이 꽃으로 피어나는 기분이다. 이 꽃은 내 추억을 화심(花心)으로 생활의 향기를 곁들여 지혜의 꽃이 되었으면.

# 여우야, 여우야

열무김치를 맛있게 담그는 또 다른 방법을 배웠다. 열무를 한 박스 샀다. 가르쳐준 시누이가 두 식구 먹을 것인데 너무 많다고 했다. 자신 있으니 상관 말라고 했다. 내가 사온 열무는 종이상자에 선별해 넣은 것이 생산자의 연락처도 찍혀있어 믿음이 갔다. 열무를 절이는데, 방송에서 쇼킹한 내용이 터져 나왔다.

여학교 급식으로 나온 열무김치에 개구리가 섞여 나왔다고 한다. 직접 당한 여학생은 놀라고 역겨워서 패닉 상태이지 않았을까. 지금 당장 내 입에서도 언짢은 침이 고이며 역한 기운이 올라왔다. '이 열무김치를 먹을 수 있을까, 내가 나이를 헛먹었지' 하며 절여놓은 열무를 다시 뒤적거려 보았다.

여학생은, 한창 감수성이 예민할 때라 상상력이 연상 작용으로 이어갈 것이다. 직접 당한 학생은 비위가 개운치 않아 한동안 식음을 폐할지도. 어쩜 열무김치는 일평생 먹지 않을지도 모른다. 나도 어릴 적 개구리와의 사연으로, 오랫동안 아니 지금도 닭으로 만든 음식을 거의 피하고 있다.

4학년 전학 갔을 그 무렵, 아랫마을에 이사 온 아이와 같은 반이 되었다. 등교하는 길목에서 자주 만나서 친하게 되었다. 그 아이는 공부를 나보다 더 잘하는 듯했다. 그러나 너쯤이야 하면서 자주 같이 놀았다. 자기는 상급학교에 진학하려면 학비를 모아야 한다고 했다. 지금 여섯 마리의 닭을 기르는데, 그 녀석들이 학비를 모으는 밑천이라고 했다. 매일 집에 오면 개구리를 잡으러온 들판을 헤매었다. 잡은 개구리는 강아지풀 줄기에 꿰어 들고 작대기로 또 개구리를 잡았다. 개구리를 닭에게 먹여 영양상태가 좋아지면 알을 많이 낳을 거라고 눈이 빛났다. 닭이 개구리를 먹어 알을 낳는다니 내 식단에 브레이크가 걸렸다.

뜰에서 병아리들이 종종거리며 어미닭을 따라다니는 모양이 정겨웠던 때. 하늘을 향해 힘껏 목청을 뽑아내며 삼시 때를 알리는 볏 빨간 장닭은 정말 멋있다고 느꼈던 시절, 어른들은 그 멋지고 예쁜 닭을 잡아 보양식을 했다. 닭고기를 못 먹는 나는 달걀을 먹었다. 그것에서마저 그 비린내가 날 것만 같고, 머리에 계속 맴도는 형상으로 달걀조차 먹을 수 없었다. 이런 나를 보며, 삼촌은 내 어린아이일 때의 과거를 들추어내기 시작했다. 내가 우리나라에 와서 적응하지 못해 삐쩍 말랐다고 한다. 어른들은 깡마른 내 다리의 주름살이 명주 바지를 입은 것 같다며 안쓰러워했다고. 한약방 할아버지의 처방이 참개구리 뒷다리였다니, 그 얘기를 처음 들을 때는 기겁을 하고 울었다.

삼촌이 실한 놈으로 잡아다 손질해서 통통한 뒷다리를 숯불에 구웠다고. 간신히 걸음마 떼는 내가 비척거리며 냄새나는 쪽으로 왔다는 것, 이때다 싶어 한 꼬집을 먹이니 입맛을 쩍쩍 다시며 잘 먹었다고 한다. 그 뒤, 거짓말처럼 식욕이 생겨서 살이 올라 사람 노릇을 했다는 얘기였다. 여름방학, 개구리 울음소리가 들리고 나와 삼촌이 맞부딪치면 꼭 읊어주는 개구리 뒷다리얘기. 그래도 천연덕스럽게 '여우야, 여우야, 뭐 하니?' '밥 먹는다. 무슨 반찬? 개구리 반찬' 이런 노래를 부르며 징그러운 것을 잊은 채, 술래잡기에 빠져서 놀았었다. 그리고 밥상 앞에 앉으면 역한 기운이 올라와 식욕이 달아나기를 수년.

모든 기억은 의식의 흐름 곁에 지울 것은 지워지며 성장했을까, 새로운 정보와 사건들 틈에서 세월을 타며 건강한 삶으로 넘어가는 단계이지 않았을까.

친구는 개구리 때문에 지식을 나는 개구리로 건강을 구했다는 기억이, 요즘 아이들에게는 억지 같은 얘기지만, 동식물과 인간과는 상호보완 관계라는 것을 배워가는 시기였다. 징그러운 것 추한 것 등등, 그런 것들과 어울려 세상이 조화롭게 돌아간다는 것을 알아가는 새로운 정신세계로의 길이었다. 그것은 아무나 경험할 수 없는 자연 품에서 겪은 나만의 사건이었고, 소중한 체험이었다.

이런저런 생각을 하면서 나는 열무김치를 버무렸다.

# 오동잎과 빗방울 산조(散調)

삼성역 7번 출구로 나왔다. 14차선 도로를 곁에 두고 바라본다. 무역센터 사거리 언덕 너머에서 파란 하늘이 고향처럼 반긴다.

은행나무 가로수가 어린 오동나무에게 곁을 주었다. 지난해, 그 너머 해, 너 다섯 해를 재계약하며 살고 있다. 오늘은 많이 놀랐다. 키가 훌쩍 자랐으며 넓은 잎은 햇빛 가리개로 써도 될 만하다. 나무 주위는 온 땅이 포장되어, 흙이라곤 사방 일 미터 남짓의 숨구멍이다. 그 자리도 강철 망을 둘러썼다. 밤낮 못 가르는 첨단도시의 정열적인 숨소리와 태양의 기운인지 시들거리지 않고 건강하다.

오동나무, 너의 씨앗은 혹여 천 리 건너 내 고향 집 오동나무 숲에서 봉황(?)의 날개깃에 매달려 왔을까.

내 나이 여섯 살의 식목일, 텃밭에 오동나무 묘목을 심었다.

이십여 년 자라면 큰 나무가 되어 장롱을 만들 것이라 했다. 그때 딸 가진 집에서는 그랬다.

십여 세가 되어서는, 오동나무숲에 비 내리는 소리가 좋았다. 숲에 들어가면 내 키의 두 배 정도 자란 오동나무와 넓은 잎사귀가 내 작은 몸을 숨겨 주었다. 오동잎에 지는 빗방울 소리 들으며 솔방울처럼 굴러다녔다. 비와 숨바꼭질하는 재미를 누가 알 수 있을까. 외딴집에서 혼자 그러고 놀았다.

몇 년 후, 가장 큰 오동나무가 사라호 태풍으로 몸채 지붕 모서리를 받아치고 넘어졌다. 직경 이십여 센티미터 가량 되는 나무는 이도 저도 못되고 동강동강 잘렸다. 영민하고 손재주 빠른 행랑아재가 나무동강을 길이대로 깎아서 차 쟁반을, 통째로 비스듬히 파내어 과자 그릇을 만들었다. 가볍고 실용적인 생활용품이 되었다. 아버지는 또 심었다. 딸이 더 있는 것도 아닌데, 백년대계를 바란다며 비바람 찬 서리 눈발을 견디며 세월을 이기라 했다. 나무가 다 자라기 전에, 성년(成年)이 되어 서울로 시집왔으니 오동나무는 나를 따라오지도 못했다. 그 뒤, 오동나무는 크게 자라서 아버지의 마지막 자리를 편안하게 떠받쳐주었다.

어떤 오동나무 한 그루가, 잘리고 켜져서 긴 시간 말리고 깎이고 다듬어졌다. 명주실 곱게 꼰 열두 폭 치마끈, 기러기 발 노리개 사뿐히 깔고 앉았다. 비단실 풍성하게 족두리 틀어 머리에 얹고, 어찌 나의 것이 되었을까. 우리 집 거실 벽에 그림처럼 걸리더니 10여 년 내려오지 못하고 있다. 괜히 가야금이 되었다고 후회하고 있는 것일까. 나에게 오게 된 걸 부끄러워하고 있는 것은 아닐까. 어쩌면 손 한 번 잡아 주려나, 짝사랑 연인 바라보듯 고개 외로 꼬고 내려다본다.

이십여 년 전, 친구들과 의기투합하여 가야금을 샀다. 마침, 대녀가 가야금을 전공하였다기에 레슨을 청했다. 국악기 기능 제로인 주부들에게 예술혼을 채워주려고 부단히 애를 썼다. 궁상각치우를 서양 음악 팔 음계에 맞춰 오선지에 옮겨놓은 악보 보랴. 가야금 줄 음색을, 높이 따라 음량 따라 음 자리 익힐랴 눈과 귀가 열두 개라도 모자랐다. 오십 중반 여인들이 양반다리 꼬고 앉아 무릎에 가야금 누이기조차 어색했다. 굳은 손가락으로 가야금 열두 줄을 뜯는다는 것이 뜬구름 잡는 듯했다. 기본적인 우리 민요 아리랑부터 가야금병창까지는 갈 수 있으리라 믿고 손끝에 물집이 생기도록 노력했었다. 간신히 아리랑, 노들강변, 쾌지나칭칭나네를 섭렵한 것이 마지막 성적이다. 배우는 동안 정말 열정적이고 행복했었다. 손자까지 돌봐야 하는 우리는 급기야 눈물을 머금고 가야금 허리를 풀어주고야 말았다.

오늘은 그 친구들을 만나러 가는 길이다. 삼성역 7번 출구의 어리디 어렸던 오동나무가 그새 소년 나무가 되어, 추억을 불러오며 영동대로를 함께 걸어주었다.

이곳에 살 때는, 대녀가 곁에 있어 가끔 끊어진 가야금 줄을 이어주고, 늘어진 줄을 조절하여 주었다. 그럴 때면, 아쉬워서 뜯는 내 부끄러운 한 곡조는 오동잎에 빗방울 들치는 산조 같았다. 대녀의 연주는, 학(鶴)이 명주 실타래 같은 파도를 타고 넘나들 듯 부드럽고 경쾌하면서도 힘찼다.

이제 그 멋마저 멀어졌으니, 만나서 얼굴 보고 수다 떠는 것으로 산조(散調)를 대신해야 할까 보다.

삼성역 7번 출구의 오동나무는 별일 없이 잘 자라겠지. 몇 년 있으면, 파스텔 조의 보라색 꽃이 필 테고, 열매 익으면 봉황(?)을 부를 것이다.

# 탱자나무 있는 골목길

"어머니, 이 풋고추는 저희 텃밭에서 딴 거예요."

며느리는 작은 보따리를 싱크대 위에 올려놓았다. 초록색 고추가 삐죽이 내다본다. 작년에, 아들 가족은 마당이 있는 주택으로 이사를 했다. 마당을 줄여서 네다섯 평 남짓 텃밭을 일구어 놓았다. 그 밭에서 얻은 서너 낱 풋고추가 비취 같아 보였다면 지나친 너스레일까?

우리는 아이들이 어렸을 때, 흑석동 주택가에서 살았다. 소쿠리 형태의 지형인데 유치원부터 대학까지 있는 동네여서 맹자(孟子)의 어머니라면 선호했을까.

골목길이 좁아서 차가 다니지 않았다. 우리 아이들은 세발자전거를 타고 온 동네를 누비고 다녔다. 이 골목 저 골목 아주머니들이 자기 아이인 양, 서로들 잘 돌보아 주었다. 외출할 일이 있으면 믿고 의지할 수 있어서 좋았다. 유치원에 들어갈 때쯤 강남의 아파트로 왔는데, 아이들은 좁은 골목길에 익숙해선지 가끔 넓은 아파트 단지에서 헤매기도 했었다.

다양한 지붕 색깔과 대문의 형태, 골목에 나오면 눈높이를 맞추며 사는 이웃들과 정을 떼는데 육 개월 이상 걸렸다.

아들은 어릴 때 다니던 골목길의 향수가 깊었는지 단독주택을 샀다. 그 주택으로 이사하는 날이었다. 내가 동네 어귀에 접어드니 온 골목에 석유 냄새가 진동했다. 사부인은 언짢은 표정으로 인부들과 실랑이를 하고 있었다. 전에 살던 주인이 이사 가면서, 보일러에서 빼낸 등유를 텃밭에 묻어놓고 가버렸다고 한다. 하도 어이가 없는 일이라, 그날 일한 인부들을 불러 모아 원상 복귀를 지시하고 있었다. 자기들은 쉽게 생각하고, 공사비를 줄이려 그랬다고 했지만, 이렇게 몰지각할 수가 있을까. 흙으로 덮는다고 될 일인가. 하마터면 온 동네 밑으로 기름이 퍼져나갈 뻔했다. 다행히 골목 안 주민들의 심성이 원만하여 얼굴을 붉히는 환영 인사는 피할 수 있었다. 기름의 양도 많았고 깊이 스며들어, 삽으로는 파낼 수 없어서 포클레인이 와서 흙을 퍼냈다. 그리고 몇 톤의 새 흙을 사다가 채워야 했다. 철저히 한다고 했으나 보름이 넘도록 기름 냄새는 온 집 안과 골목에 머물렀다.

벌써, 내 후각을 오염시켰는지 속이 매스껍고 머리가 지근거렸다. 비가 내리면 씻겨 갈 것이라니 참 어이없었다. 흙의 오염을 별일이 아니게 생각하다니, 그것이 우리의 몸으로 되돌아온다는 것을 왜 모를까. 기름으로 오염된 흙은 공기와 햇볕으로 산화시켜도, 몇 십 년이 지나야 맑아질까 말까. 경각심을 가지고 성실하게 일해 주는 자세가 아쉽다.

다행히 이사한 날 밤부터 비가 내렸다. 빗소리 들으며, 오염된 흙이 지정된 폐기물 장소에 잘 버려졌으리라 믿기로 했다.

아들 가족은 마당이 있다는 것만으로도 흡족한가 보다. 강아지도 앞뜰 뒤뜰을 헤집고 다닌다. 온 가족이 댓 평 남짓한 텃밭을 서로 파느라고, 판 곳을 또 파고 또 파고 흙과 친해지고 있었다. 그래서 얻은 것이 반짝거리는 이 풋고추인가 보다.

고향 집은 골목길이 있는 주거지에서 동떨어져 있다. 학교에 오갈 때 일부러 아랫동네 골목길을 거쳐 갔다. 그 길은, 내 키배를 훌쩍 넘은 빽빽한 탱자나무 울타리 길이었다. 각을 잡아 잘 다듬어놓은 탱자나무 울타리는 태풍이 와도 꺾어지지도 뽑히지도 않았다.

요즘 골목길의 그리움이 일 때, 아들 집이 있는 단독주택단지에서 두 블록 전에 내린다. 고가차도 밑 건널목을 지나 긴 골목길을 걷는다. 옛날 집 그대로 남겨진 단층집, 대문 양옆으로 탱자나무 몇 그루가 수문장처럼 서 있다. 도시에 탱자나무 울타리라니 반갑고 고향 추억이 인다. 내 두 뼘으로 감싸야 할 만큼 굵은 걸 보니 집을 지을 때 심은 듯하다. 봄이면 하얀 탱자 꽃이 억센 가시 사이에서 뽀얗게 웃어주었다. 요즘은 진초록 열매가 탱글탱글 야무진 낯으로 반긴다. 그 옆집 젊은이의 카페에는 동 유럽풍의 레이스 커튼이 펄럭이며 손짓한다.

이제, 계절이 익으면 농익은 탱자 향이 스며들 것이다. 그러면 탱자 향과 커피 향이 에우러 내는 오묘한 향기가 골목길에 여울처럼 퍼져갈 것이다.

쭉 걷다가 코너 집을 기웃거렸다. 꿈꾸듯 그곳에 섰다. 대문 틈으로 보이는 가지 잎을 따고 있던 내 연배의 여인, 대문을 나왔다.

꿈인 듯, 가지 잎 몇 개를 골목에 깔아 놓는다. 지나다니는 발길이 닿으면 가지가 주렁주렁 열릴 것이라는 방편이다. 그 옛날 할머니들이 했던 행동을 이곳에서 보다니, 5일 장날이면 길목에 흩어진 가지 잎을 보는 것처럼 정겹다. 나는 징검다리 건너듯 초록 보라 잎을 밟고 지났다.

# 얼룩말의 춘분

봄은 얼룩말에게도 왔다. 춘분(春分)이 지난 지 사흘째 되는 날, 서울 도심 주택가에 새끼얼룩말이 돌아다닌다는 사진이 비쳤다. 내 눈에만 그리 보였을까, 새끼얼룩말의 궁둥이 줄무늬에 외롭다고 씌어있는 듯, 사진을 돌려 옆얼굴을 보니 심술이 잔뜩 묻어 사춘기라고 광고하는 것 같다.

'세로'라는 세 살 된 얼룩말이 동물원 울타리를 망가뜨리고 탈출했다고 한다. 얼마 전에 부모 얼룩말이 늙고 병들어 죽었다고. 그 후로 잘 먹지도 않고 말썽을 부리며 사육사의 마음을 아프게 했다. 심지어 캥거루에게는 심통을 부리고 싸움을 걸었다고 하니, 어미 캥거루의 품에 안겨있는 새끼캥거루에게 시샘의 눈꼴이었던 것이 아닐까. 엄마 아빠가 저 울타리 밖으로 나갔었지, 저곳을 나가면 만날 수 있겠지. 막연한 상상으로 뛰쳐나왔을 것이다. 초원을 꿈에서나 보았을까, 초원이려니 하고 달려 나온 곳이 시커먼 아스팔트라 놀라서 뛴다. 포식자를 알고 있을까, 달리는 자동차들 사이를 무대포로 뛰어들어도 부딪치지 않는다. 사람들이 도망가고 쫓아오기도 한다. 그것들이 다 위협을 주는 포식자들이라는 생각을 하는 것일까.

그리움은 심술을 일으켜 어디인들 끝까지 쫓아가겠다고, 목숨을 잃어도 찾아내고야 말겠다는 간절한 마음일까.

아들의 어릴 적, 이모의 눈길을 벗어나 엄마를 기다리던 모습이 떠오른다. 외출에서 돌아오는데, 멜빵바지를 입은 땅딸막한 아이가 세발자전거를 옆에 세우고 오거리 버스정류장에 서 있었다. 뒤통수에 '엄마 어디 있어 빨리 와'라고 씌어있는 듯했다. 나를 보더니 눈물을 글썽이며 와락 치맛자락에 얼굴을 비벼댔다.

세로는 엄마를 만날 수 없다는 것을 알고 있을까, 이국땅에서 견디었던 부모의 외로움이라는 DNA를 이어받았을까, 눈앞에 엄마 아빠가 없으니 쓸쓸하고 외로워서 견딜 수 없었을 것이다. 기댈 곳 없고 비빌 곳 없는 어린 세로는 울 안에 있는 것들에게 말을 걸고, 어깨동무까지는 아니더라도 따뜻한 눈길이라도 원하지 않았을까, 풀밭에서 함께 자라는 풀들이 더 무성하듯이 생명이 있는 것들은 서로 부대끼며 공존할 때 힘이 생길 것이다. 그것이 가족이면 더욱 좋겠고, 이웃사촌도 친구도 사회관계망으로 존재 간의 접속이 이어져 간다.

얼룩말 세로의 탈출은 마취총 일곱 방에 비척거리며 쓰러져 끝이 났다. 그것이 살길이었다. 몇 십 명의 손길을 빌어 차에

태워졌다. 서로 돕는 모습이 따뜻하다. 그림으로 보는 나도 이제 되었구나 하며 안심이 되었는데, 주변에 모여 실제로 겪은 관계자들과 구경꾼들은 가슴을 쓸어내렸을 것이다.

아프리카에서 온, 순하게 보이는 동물, 사람의 지문이 다르듯이 그들의 줄무늬가 다 다르다는 존재의 신비로 깨운다. 흰 바탕에 검은 줄무늬인 줄 알지만, 검은 바탕에 흰 줄무늬라는 것이 뜻밖의 상식이다. 먼 나라에 와서 다른 동물들과 울타리에 갇혀 제한된 관심을 받으며 사는 것이 좋을까. 고향에서 포식자를 두려워하면서도 동족들과 초원을 달리는 것이 좋을까. 세로가 우리나라에서 잘 살아가기 위해서는 다른 친구가 필요할 것이다. 아니나 다를까, 세로에게 여자 친구를 데려다줄 거라 한다. 그러면 다른 새끼얼룩말에게서 또 초원을 빼앗아야 할까. 세로를 초원으로 보내도 적응 기간이 있을 터인데, 짝을 데려오면 금방 친해질지도 모른다.

고향의 푸른 풀밭과 부모를 그리며 끝없는 탈출을 시도할 것인가. 부모가 살아온 것처럼 인연을 만나 사랑을 나누고, 사육사의 보살핌과 관람객들의 호기심 어린 사랑을 받으며 그러려니 하고 살 것인가.

춘분, 나도 탈출하고 싶다. 탈출은 나에게 자유를 필요케 한다. 나는 나에게 자유를 허락하지 못한다. 틀에 갇힌 융통성 없는 시간 배분과 나만이 느끼는 편리성이다. 부재중에 생긴 사건처리나 밀린 노동의 잔재들이 힘들게 하기 때문이다. 하지만 올해의 춘분은 새끼얼룩말에게서 얻은 용기인지, 그리움을 더 보태서 탈출을 꿈꾸다 못해 실행할까 한다.

봄을 맞아 형제들이 제사를 지내러 고향에 가게 되었다. 동서들이 명령대로 수행하겠노라며 형님은 집에서 편히 쉬라 한다. 혼자만의 일박 이일이 주어졌다.

내 나이에서 육십을 빼고 남는 꽃분홍 낭랑 18세. 그때의 그리움이 부르는 친구들을 보러 가야지. 중간 거리에서 만나면 어떨까, 하룻밤 우리 집에서 지새우면 좋겠다는 생각으로 어지럽다. 갑자기 얻은 시간이라 어느 친구와도 약속을 못 한 채, 주섬주섬 보따리부터 챙기듯 마음만 바쁘다. 그때, 만난 지 오 년이 지난 M에게서 전화가 왔다. 때마침 서울에서 나의 동인전이 열리기에 관람하고 벚꽃 길을 걸어보자 약속했다. S에게도 만나자는 약속을 받았다. 억지라도 탈출이라는 이름을 붙여 봄의 시끄러운 마음을 정리해야 할까 보다.

굽은 등 하며 엉덩이 뒤로 뺀 모습으로 손 맞잡은 두 사람 앞에, 노르딕 걷기를 하며 다가오는 꽃분홍 얼굴 S. 지금, 해후의 마음은 꼿꼿한 청춘인데 이 상황으로는 다시 육십을 플러스해야겠다. 야외에 오래 있을 체력조건이 아니어서 전시회관람, 식사와 차, 수양벚나무 아래에서 하늘로 춤춰 오르는 벚꽃잎에, 추억담을 흩날려 버린 올봄의 꽃분홍 타령.

우리의 세월은 생각보다 멀리 왔다. 친구와 봄은 한결같은데, 마음은 더 여려졌나 새끼얼룩말 세로가 자꾸 눈에 밟힌다.

# 간장이 그려준 장미

화분으로 꾸며놓은 도심의 장미정원, 수필회원들이 탐스러운 장미꽃을 지나치지 못하고 꽃무리에게 마음을 주었다. 그 순간 내 마음의 꽃은 어떤 꽃일까 생각해 보았다.

동생에게서, 누님이 좋아하는 노란색 장미꽃이 피었다는 소식이 왔다. 그 집에서 성장하면서, 혹여 누가 나에게 일백 송이의 장미를 선물하지 않을까 하는 꿈을 꾸었었다. 받은 장미꽃을 대청마루에서 졸고 있는 누르스름한 커다란 백자 항아리에 꽂을까 하면서.

첫아이의 초등학교 일학년 학부모들과 취미 꽃꽂이를 시작했다. 그때 만져본, 작은 꽃가위의 차가운 촉감이 아버지를 부른다. 그리고 장미도 따라왔다. 여러 종류의 장미 가지를 강한 나무 묘목에 접목하기도 하고, 꺾꽂이도 하던 아버지. 첫 장미꽃을 만났을 때의 아버지 표정을 무엇에 비길까. 몇 년이 지나

탐스럽게 피어난 장미정원의 꽃을 보며 향기에 취했던 기억이다. 나는 어른 주먹만 한 노란색 장미에 정신이 팔렸다. 슬며시 노란색 장미를 감싸며 입 맞추었다. 매콤달콤한 듯 산뜻한 것이, 그때 유행하던 코티 분향이었을까. 지금도 그 향기 그 자태를 잊을 수 없다. 신비한 노란색과 고품격 향을 뿜어내는 장미꽃이 자그마한 질투심을 불러오기도 했다. 시기심을 불러오는 노란 장미는 내 마음의 꽃이 되었다.

꽃꽂이의 지주, 진 선 미를 세워 높낮이 간격 맞추어 균형 잡고 꽃과 꽃의 궁합을 맞추며 즐기는 꽃꽂이는 꽃의 이름과 특성을 알 수 있었다. 꽃에 인간의 생각을 입히는 것은, 우리의 정신세계를 풍요롭게 하고 예술이라는 이름으로 욕망을 부추기기도 한다.

병 꽃꽂이를 한다기에 친정에서 가져온 백자를 이용하기로 했다. 장식장에 올려져 있는 백자를 두 손으로 감싸 안은 순간 눈앞이 깜깜했다. 어깨 힘이 빠지며 손은 허공에 항아리의 모양을 만들었다. 내가 떨어뜨린 것인지, 누군가 실수하고 그대로 맞추어 놓은 것인지 혼란하다. 꽃을 꽂았던들 무엇이 남았을까. 달항아리에 백송이 장미를 꽂는다는 꿈을 스스로 깨뜨린 것이 되었으니 무엇을 탓할 것 없이, 지금 생각해도 속 시원하다.

장미 가시에 찔린 것 같은 사건과 여러 모양의 수반과 침봉을 수집하며, 꽃과 향기와 함께 즐긴 시절이 꿈결이다.

전시회에서 달항아리를 만나고, 내 머릿속은 또다시 노란색 장미와 백자 달항아리의 은은한 조화로 가득 찼다. 도자기 공예를 하면서, 소품밖에 할 수 없는 실력으로 달항아리에 도전하다가, 주저앉고 찌그러져 접시가 되고 커다란 대접이 되어 지금도 장식장에 앉아있다. 도자기에 새긴 장미의 문양만은 지금도 백자 대접에서 빛을 낸다.

팔십년대, 집집마다 백자 식기를 즐겨 쓰던 때가 있었다. 달항아리에 깊이 빠진 탓인가, 나도 집에서 사용하는 식기를 백자로 바꾸었다.

길가에 펼쳐진 백자 전시회? 대가의 것처럼 그럴듯한 달항아리를 삼만 원에 샀다. 다시 병 꽃꽂이를 해보고 싶었다. 그러다 차일피일 미루다 보니, 대리만족인가 장식장에 두고 감상하며 지냈다. 일백 송이 장미는 흐르는 시간 속에 기억의 제물이 되었다.

누구의 장난인가, 진한 간장 냄새가 나서 보니 금이 간 간장항아리에서 간장이 새어 나오고 있었다. 베란다를 흥건히 적신 간장을 보니 난감하다. 거실장에 잘 모셔놓은 진짜 같은 달항아리에 간장을 옮겨 부었다. 간장 너는 호강하는 거야 하면서.

집안 며느리들의 모임에서 어른 형님께 그 얘기를 했더니, 백자에 담은 간장은 버리고 다음에는 꼭 질그릇에 담그라고 당부했다.

꽃을 안으러 온 달항아리는 빈사랑만 받다가 뜬금없이 간장을 품었다. 간장마저 빼앗긴 달항아리를 씻어 닦고 들여다보았다. 가마에서 견딘 불멍인지, 유약의 흐름인지, 간장이 그림을 그려놓았다. 겉으로도 새어 나온 간장의 흔적, 난시로 인한 파노라마 착시인가 마음 깊은 곳에서 잠자던 환시인가. 간장색 장미꽃이 달항아리의 온몸에 어우러진 듯하다.

더 말해서 무얼 해, 내 눈에는 아름답게만 보이는데.

# 향기는 눈에 덮여도

나는 칠십 중반을 넘어 등단했다. 녹엽이 짙어지는 봄 끝자락에 청하 성기조 선생님을 뵈었다. 자꾸 기어드는 마음이었다. 하지만 육십여 년 놓아 버렸던 글쓰기를 시작으로 내 마음은 봄이 되고 여름이 되었다. 장롱 밑바닥에서 좀 슬고 누렇게 뜬 모시 적삼을 꺼내어, 끊어진 실낱도 풀 먹여 이어 다듬는 마음가짐이다.

첫 번째 책을 엮으면서, 다시 선생님을 찾아간다. 설레어 가슴이 쿵쾅거린다. 깊고 어두운 터널을 벗어나려고 두리번거리며. 더듬거리던 발걸음이 지금도 생생하다. 빛이 새어 나오는 지하 골목의 문구점과 세탁소를 지나 드디어 밝게 비치는 카페에 다다른다. 뵙자마자, 이 나이에 어떻게 이런 글을 썼느냐며 칭찬부터 하신다. 원고를 직접 살피시고 글에 대한 평과 고침을 주신다. 특히 내 신앙의 표출에 이런 글은 '수필로 쓰는 조용한 선교다, 주먹을 휘두르며 외치는 것의 몇십 배일 것이다, 라는 응원의 말씀을 잊지 않으셨다.

지하철을 타려고 함께 걸으면서, 그림자를 밟을세라 조심스럽게 뒤따르던 길이었다. 어둡고 복잡한 길이었지만 앞서시는 선생님을 따르는 길은 안심되는 길이었다. 직접 탈고하실 제자들의 글이 담긴 묵직한 누런 광목 에코백이 청하 선생님의 상징처럼 읽혔다. 선생님의 성실하심과 제자 사랑일 것이라는 마음에 친근하였다. 지하철을 타고 조심스럽게 함께하는 일은 저 세상에서 오신 아버지와 함께 걷는 듯 반갑고 다정했다. 그럴 것이 사춘기일 때, 아버지가 심어준 문학 혼이 있었기에 더욱 절실하였다. 선생님께서는 강의하러 가시는 길이라 구의역에서 내리셨다. 차창에 비치는 선생님의 뒷모습이 지하 부분 통과로 보이지 않았으나 삼성역에 내릴 때까지 잔상이 남았다.

청하 선생님과의 개인적인 친교는 출판작업으로 네댓 번이 끝이었으나, 구의문화원에서의 수강은 내 일생의 문학수업과 현실참여의 시간이었다. 조용하지만 열정적이었던 강의는 내용에 집중할 수 있어, 늦깎이 작가의 집필 여정에 동행해 줄 자료가 될 것이었다. 수강시간은 오래지 않았으나, 문학의 긴 여정을 잊고 지내온 상실의 시간을 보상받았다는 기쁨과 안정된 심사(深思)를 갖게 되었다. 수필작업의 보람과 즐거움이, 문예지에 문자화된 졸작을 보면서도 부끄럽다는 마음을 이긴다. 나이 들어가면서도 배우며 발전할 수 있다는 것은, 선생님을 모셔 그분의 문학적 철학을 엿볼 수 있었던 기쁨이다.

선생님의 구순(九旬) 기념행사를 앞두고, 변고 소식을 들었다. 허망하고, 두렵고, 생각이 굳어져 누구에게도 연락할 수가 없었다. 그저 아는 선생님께 듣는 소식으로 가슴을 쓸어내리기만 했다. 마음 벽 그 자리에 청하 선생님의 건장하신 모습과 부드럽고 자애로우신 미소가 새겨졌다. 어서 일어나시라며 기도하고 또 기도했다. 선생님께서는 조용히 구순의 행로를 이백 일 가까이 여행하신다. 침묵의 행로에서 되돌아오시라고, 홀로 오실 수 없으시면 기도 손잡으시라고. 누워 계시는 동안 선생님의 시집 『바람이 새긴 흔적』을 따라다녔다.

제자는 스승이 새긴 흔적이니까 우리 발자국 하나하나 다시 딛고 어서 오시라 기도했지만, 구순의 소나무는 하늘에 자리하셨다.

선생님을 추모하는 글을 쓰려니 넘어져 버린 꿈, 상실의 노래부터 떠올라 눈앞이 흐려지는 까닭은 왜일까. 쓰던 글이 막혀, 펼쳐둔 김진섭 선생의 「백설부」를 마저 읽었다. 백설이 온 세상을 덮으면 마음까지도 깨끗한 캔버스가 되었다가, 눈이 녹으면 새로운 삶을 맞아야 할 듯 다른 그림을 보여준다.

아버지를 하늘로 보낸 날 세상은 온통 백설이 차지했었다. 나는 하관식을 외면한 채 눈 속에 묻힌 춘란을 구조하고 있었다. 춘란을 애지중지 기르며, '란'에 대한 글을 쓰고 제목을 「설중유향(雪中幽香)」이라 조합해 붙였더니, 논어를 연구하던 지인이 이의를 제기하였다. 청하 선생님께 여쭈었더니, 눈이 덮여도 향기는 그대로일 것이라며, 인정해 주셔서 그 글이 지금까지 살아있다.

청하 선생님의 가르침이 글에 녹아 선명성이 보인다면 제자라고 알아주시겠지. 눈이 덮여 쌓여도 숨은 향은 드러날 것이며, 눈이 녹아 눈물이 되어도 향기는 물에 풀어져 흐르지 않을까. 그 물이 솔밭에 이르면 구순의 소나무가 반겨주실 것이리라.

# 능소화의 미소

2024년, 태양의 계절 8월 15일 친정에 왔다. 육십육 년 전 이날은 내가 첫영성체를 했던 날이다. 열두 살이었다. 이날이 되면 고향 집이 더욱 그립다. 팔십 고개를 바라보려니 유독 견딜 수가 없다. 벼르고 벼르다, 아들에게 승차권을 부탁했다. 광명역에서 송정역까지 90분에 주파하는 KTX다. 역에 마중 나온 둘째 동생을 찾느라 한참 헤맸다. 7년 만에 만나는 것이니 그럴 만도 하다.

고사정은 유물관과 부속 건축물은 완공되었으나 주변은 삭막하다. 중대문 문턱을 들어서는 순간, 누런 생모시 치마에 흰 모시 적삼을 입은 할머니(내 열두 살 때 8월의 모습)가 팔자걸음으로 나를 반기는 환영(幻影)이다. 왜 할머니가?

유교 가문에서 종부가 종손을 세례 시킨다. 하니 할머니의 마음은 얼마나 혼미했을까. 묵묵히 눈만 깜빡거렸다. 며느리의 신세대정신을 받아들인 미래지향적인 할머니는 앞으로 올 세상을 미리 보신 것이었을까.

할머니는 종택 종부의 고된 삶과 일제를 견디고 6·25전란을 이겨낸 고사정 가문의 여장부였다. 전란 중 어려운 상황에서 아버지의 서적과 의병장이셨던 16대조(代祖) 최경장(崔慶長) 할아버지의 유물을 지켜낸 할머니. 휘하의 차 종부들을 지휘하고, 행랑채 식솔들을 휘어잡는 기세는 여산 송(宋)씨 가문의 뿌리이셨다. 할머니는 아들(나의 아버지)의 직장을 따라 대도시에서 살아본 4년, 일 년에 열세 번의 기제사, 명절은 화순 본가 종택에서 지냈다. 비워놓은 집에서의 여름은 기겁하는 일이 더러 있었다. 제사가 끝나고 잠자리에 들려고 침방에 들어 등불을 켜면 의걸이장 문 틈새로 새끼손가락만한 기다란 놈이 헤매고 있을 때도 있다. 내가 놀라면 '아가, 석유 냄새 맡으면 금방 갈 거야.'라며 명반과 석유를 싫어한다며 안심시켰다. 방 모서리에 백반을 놓아두고 내 등을 쓰다듬어 잠들게 했다. 할머니를 닮았는지 나도 대범하여 어지간한 것은 문제없이 넘긴다.

환상에서 걸어 나오시는 장독간 곁에 아름드리 팽나무가 의연하게 그늘을 드리운다. 내가 출가할 때까지 같이 자란 나무인데 거목이 되었다. 이 나무는 외국에 있는 며느리(나의 어머니)가 아이(나)를 순산한 기념으로 할머니가 심었다 하여, 내가 매만지며 매달리며, 스물다섯 살까지 함께 자란 나무이다. 오십여 년 만에 만났다. 나무 모양이 이상하다. 두 가지가 자라 오다 합쳐져 원을 만들어 놓고 다시 헤어져 여러 가지로 뻗어 풍성한 잎사귀를 이고 서 있다. 이것도 연리지(連理枝)일까? 할머니 사랑으로 심고 자라, 나와 함께 나이 들어가는 나무. 나도 팽나무처럼 건강하고 균형 잡힌 모양일까, 생각의 거울에 반추해 본다.

할머니의 미소는 웃는 둥 마는 둥 희미했다. 그러나 당신의 며느리와 손녀를 바라볼 때는 꽃담을 타고 넘는 능소화 같았다. 5월에 피기 시작하여 10월까지 만개하는 고사정의 능소화는 내가 친정에 오는 걸 할머니 대신 반긴다.

능소화가 필 때쯤, 몸채 정원에 뱀눈이꽃도 피었다. 내가 좋아하고 작은할머니도 좋아하는 그 꽃을, 안채에 기다란 놈이 들어온다고 고사정 정원으로 내보냈다. 지금 기억해보니 작은할머니가 나를 지나치게 사랑했기 때문이었을 것이다.

그리움과 기다림의 꽃은 할머니를 닮았다. 사랑채에서 글 보시다 새벽을 맞는 할아버지, 안채에는 빛 감도 않으셨다고. 울안에 함께 있어도 그립고 기다림에 목 매이며 얼마나 만나고 싶었을까.

할머니와의 기억은 열네 살에 머물다 떠난다. 할머니의 출가의식(장례의식의 내 생각)을 사춘기에 체험했다. 십여 년 함께한 짧은 세월이었지만 혈통을 이어받은 조손(祖孫) 간이기에 탄탄한 교집합으로 엮여있다.

할머니의 삶은 '나'는 없고 '모두'만 있는, 참아 살면서 공동체의 고리를 흐름대로 유지해야 하는 삶이었다. 할머니의 젊은 시절이 그림 속 주인공처럼 보인다. 곡간 열쇠를 쥐고서야, 그림 밖으로 나와 활동사진으로 찍힌 삶 같았다.

할머니는 평안한 미소로 마지막 출가를 하셨다. 대 종부에게 예를 표할 수 있는 친인척은 모두 모였다. 9일장을 치르기에, 서릿발이 시린 동짓달이어서 다행이었다. 흰 꽃상여를 짓고 금물 붓으로 쓰고, 먹을 갈아 쓴 만장이 이십 리 길을 휘날리며 아쉬운 듯 잠깐, 장손녀인 내 앞에서 멎었다. 마지막 인사 절 사 배(四 拜)를 드리고 주저앉았다. 할머니와 고별의 슬픔을 어찌 표현할 수 없다. 내가 할머니가 되어 이 글을 쓰면서 이제사 펑펑 울었다.

나는 할머니보다 몇 백배 자유를 누리고 몇 천 배 욕망도 팽창했으나, 지금 이곳이 내 집이 아닌 듯, 나의 편은 아무도 없는 듯 허전하다. 시댁 가문에 들어 충실하게 헌신했을 따름이라 생각한다. 시어머니와 며느리는 타성(他姓)이지만 유민이기 때문에 통할 줄 알았는데, 이내 시절은 그마저도 허망하다. 나는 자아를 몇 %나 실현했을까. 아니면 모험? 무모한 시도로 살았을까, 시행착오 끝에 확신을 얻는다지만, 나의 인생은 그러기엔 많이 늦었다. 선조들이 사셨던 방식을 업그레이드해서 사는 것이라면 내 욕구들은 단세포가 아니었다. 시대의 흐름에 맞추어 살았기에 늦은 만큼 빨리 나의 손익계산서를 작성한다. 만회할 세월이 10%정도 남았을까, 좀 짧다. 어머니의 조용한

개혁을, 할머니의 곧고 정갈하게 사는 것을 배웠지만 시대적 방종은 한이 없다. 너무 많은 것을 생각하고 지나치게 많은 것을 가졌다. 불편함을 생각하지 않고 살았다. 지난 시간을 비추어보며 앞으로 가는 나의 인생도 석양빛으로 붉게 번진다. 할머니의 행장(行狀)글을 적는다는 것이 뜻깊은 일이지만 너무 어렸었기에 유추하기 어려웠다. 사춘기까지의 세월이라서 감성으로 추억하며 적어 올린다.

# 4.
# 등나무와 지빠귀

# 제4의 벽

2024년 1월 모임에서 딸처럼 착착 감기는 K가 '제4의 벽'이라는 배우 박신양 화가의 전시회를 언급했다. 평택에 있는 'mM' 아트센터에 가기로 했다.

자연인 박신양- 배우- 철학도- 화가로 연결고리를 걸어가며 '제4의 벽'이라는, 나에게는 조금 묵직한 주제를 묵상하며 지냈다. 인생 100년을 4주기로 나누어볼 때, 지금 나는 마지막 20여 년을 꾸려야 할 것이다. 이제 단 한 면(面) 밖에 남아 있지 않다. '마지막이다'라고 '제4의 벽'을 구분 지으며 많은 상상을 했다. 평범하게 나이 들어서 생각이 하얗게 되어버렸지만, 아직 이십여 송이의 싹이 내 심장을 뛰게 한다고 생각하니 '제4의 벽'이라는 표제가 생기를 돋우어 준다.

박신양 화가의 전시회 슬러건 '제4의 벽'을 오감으로 느끼러 간다. 평택은 대단위 수출입항이 있는 도시인지라, 대형 컨테

이너 차량과 앞서거니 뒤서거니 운전 릴레이의 긴장감도 즐겁다. K는 젊은 기운이라 눈치 빠르게 운전한다. 가끔 갓길로 나가 도시에서 침침해진 시야를 드넓은 평야로 이끌어 준다.

평택 넓은 들판, 층고 높은 'mM' 아트센터가 시야에 꽉 찬다. 공장을 그대로 살려 예술 작품에 양보하였을까. 잘 기획된 도심 미술관의 편리성을 뒤로했지만, 자연에서의 신선한 기운과 함께하는 감상은 감미로운 예술성을 가져갈 수 있다고 할까. 층고 높은 날것의 전시장과 박신양 화가의 첫 전시 '제4의 벽'이 딱 들어맞는 듯하다.

평범하게 나이 든 내가 오늘 관람자 중의 나이 부자(富者)였다. 개관 40분 전에 도착했기에 사전 지식을 충분히 숙지할 수 있다. 입구에 꽂혀있는 관람 후기를 꼼꼼히 읽으며 기다리는 시간도 소중했다.

박신양 화가는 '제4의 벽'을 현실과 상상의 경계 사이라고. '제4의 벽'은 상상을 넘어서는 다른 세계를 감지하는 것을 가능케 한다고 한다. 화가는 이미 인간에게 퇴화된 감각의 더듬이 복구를 위해, 제4의 벽이란 독특한 지점으로부터 감각의 본류를 추적해 들어간다고 철학자 김동훈님은 썼다. 그것은 철학자의 관점이고, 작가의 작품인데, 그것을 받아들여 내 것으로 만드는 나는 바로 그 경계에 있다. 일단 나이든 사람이라서, 글을 쓰는 사람이라서 입장료가 절감되는 경계에 있다. 경험 부족과 사고력이 더디고 이해 폭이 좁은 경계에서 헤매기도 한다. 글을 쓰는 사람인데도 '제4의 벽'을 이해하는 데 꽤 많은 시간이 필요했다. 그래도 이러한 과정들이 오감을 건드려 글 짓는 데 영향을 받는다. 그것이 나의 현실과 상상의 경계에 더듬이를 꼿꼿이 세우는 힘이 된다.

1층 전시실, 어둡다. 마치 영화관에 들어온 기분이다. 높은 천장에서 쏟아지는 빛과 벽에 걸려있는 그림들이 차츰 어두움을 열어준다. 전시실에 비치된 화구들이 눈에 들어온다. 대작은, 현장 퍼포먼스를 위해 쌓아놓은 2, 3백호 이상 됨직한 캔버스 더미에 기대어 있다. 한 작품씩 눈을 맞추어 마음을 밝힌다. 그림의 주인공은 당나귀이다. 상상을 초월한 붓질, 소재, 심중에 전해오는 작가의 메시지와 에너지에 숨이 멎는다. 3층까지 뻥 뚫려있는 전시실 천장의 푸른 하늘을 보며 긴 숨을 뿜었다. 당나귀의 한숨에 우리의 날숨을 얹어서….

아버지의 생을 당나귀에 빗대었다고 한다. 내가 스스로 진 짐, 누군가가 떠넘긴, 내가 누구에게, 누가 나에게 그래서 억울한 짐. 쓰러질 때까지 져야 하는 짐. 짐의 무게를 지금껏 모르고 살았을까. 시간이 지나면 가벼워질 줄 알았는데, 나이의 무게만큼 더 버거워진다. 그래도 부모와 자식 간의 짐은 다정한 보따리였으면 하는 마음이다. '당나귀가 쓰러지는 것은 마지막 짐 때문이 아니다.'라는 인도 속담이 나에게 많은 생각을 담아 준다.

우리는 등산하듯, 산책하듯 오르락내리락 전시장을 오랫동안 누볐다. 난해한 작품에 카메라 렌즈를 앞세우니, 그림의 주인공이 다가온다. 형상이 말을 걸어온다. 마치 스케치한 그림에 빨려들듯 머릿속에서는 색칠한다. 그림을 소상하고 빨리 읽는 관람법을 발견한 양 후배 작가와 의미 있는 시선을 교환했다.

'제4의 벽은 당신의 시선으로 완성되는 전시입니다.'라는 친필이 정겹다.

사과를 표현한 열 편을 음미하며, 사물과의 관계를 본다. 표현을 위한 욕망의 붓질은 어디에서 온 것인가, 사과라는 생물이 가진 모든 이야기를 사랑하게 된 것이 아닐까라는 문제를 제시하며 나다운 문자(文字) 답을 얻기에 고심할 것이다. 그러다 다시 이곳에 올 수도 있을 것이라 심취해 있다. 어쩌다 다른 철학적 평론으로 만족하다면, 실물을 정시하는 것만 할까마는 노구(老軀)를 움직이는 수고를 덜 수도 있을 것이다.

2층 난간에 기대어 1층 전시실을 내려다본다. 박신양 화가의 긴 그림자.

시연할 것인지 캔버스를 정리하고 있다, 그의 모습이 힘차다, 멋지다.

# 탈바꿈 잘하는 내 청춘

열여덟, 고3 손녀가 졸업 프로젝트로 '단어의 의미'를 연구 발표하기로 하였다. 할아버지와 할머니에게는 '청춘'이라는 단어로 인터뷰를 요청한다.

청춘이라는 단어에 귀가 뚫리면서 날 선 화살촉이 가슴에 꽂힌다. 진정한 젊음이라는 옷을 언제 입었었는지, 얼마나 화려했는지 찾아가고 싶다.

'청춘'이란 탈바꿈이다. 전쟁으로 얼버무려진 내 소아기의 1차 사춘기. 그 후부터의 내 청춘은 시대적 상황으로 혁명이지 않았을까. 그것처럼 폭발하다가, 어지럽다가, 민주화를 갈망하다가, 이럴 때마다 갖추어진 것 없는 성장이라는 과정으로 번데기에서 나왔을 것이다. 희망도 목적도 희미한 채, 시류에 휩쓸려 무엇인가 건져지며, 여물어져서 탈바꿈되었을 것이다.

청춘이란 생각만으로도 행복하다. 나에게는 청춘을 변화시킬 수 있는 자존감 승화작용의 유전인자가 있을까. 엘리트 부모를 만난 것이 천운(天運)이다. 부모에게서 받은 지혜와 학문으로 눈을 크게 떴고, 귀가 열렸다. 나의 특별한 구식(舊式)청춘. 고택에서 살며 외로웠지만, 어릴 때는 사랑채를 드나드는 묵객들의 도포 자락에 끌리어 천자문을. 그뿐이랴, 시조나 거문고 타는 소리에 감정이 일어 함께 배울 수도 있었다. 전쟁 끝난 후 서양문물이 홍수처럼 밀려왔을 때, 흰 도포 자락이 까마귀가 되었다고 구시렁거리는 침방의 대모. 나는 세비로 양복을 입은 묵객의 신선한 모습과 단정한 용모에 빠지기도 했다. 잿물로 빨래 삶아 푸새하기, 다듬이질 다림질이 줄었다고 오뉴월 엿가락 늘어지는 행랑어멈의 푸념을 귀에 달고 살았다. 과도기 여인들의 고달픈 풍속과 사계절이 생생하게 몸에 닿는 자연 속에서 사춘기의 열기를 식히고 갈망과 소망을 버무리고 빚었다.

청춘이란 심신(心身)이 풋풋했을 때를 말하지만, 청춘이란 나이에 영향을 받지 않는다고 생각한다. 청춘은 시시때때로 온다. 인생 팔십 가까이 살면서 변태(變態)하는 방법을 터득했다. 하고 싶은 것을 시험대에 자주 올려 실행해 보는 것이다. 수많은 시행착오를 겪으면서도, 즐기는 마음과 선택에 따라 청춘은 주렁주렁 달려 있었다. 이제 일흔이 넘어 시행착오 없이 작가라는 이름으로 탈바꿈하여 마지막 청춘을 맞아 즐기는 중이다. 아니, 또 어떤 청춘이 올지 모른다는 기대가 있다.

남편의 청춘은 '고달픔'이었다고 머뭇거린다. 그때는 국토

건설을 하느라 청춘 시절을 설계도면과 아스팔트에 묻었다고 회상한다. 청춘을 다시 맞을 수 있다면, 친구를 맘껏 사귀고 시대적 유희를 즐겼으면 한다고 꿈꾸는 듯 말했다. 그때는 다 그랬다지만, 나 홀로 나름대로 틈새를 만들어 즐긴 것이 미안하다.

變態(변태): '번데기였던 우리들, 탈바꿈할 준비를 마치다.'라는 프로젝트 표제다.

우리 손녀의 가족은 친조부모(親祖父母) 외조부모(外祖父母)가 다 모여 성황을 이루었다. 리더 역할을 확실하게 하는 손녀의 모습이, 그 시절의 나를 보는 듯하다는 남편의 비아냥거리는 말투가 싫진 않았다. 고3의 모습이 이렇게 의젓할 줄이야. 발표자들의 논문도 지도교사의 진심 어린 교육 태도, 자료 발췌도 심도 있었다.

손녀의 발표문, '단어의 의미'는 예부터 내려오는 단어와 중간에 사라진 단어, 현재도 사용되는 단어 등을 고르게 다루었다. 문장의 배치와 유려함도 내비치는 예리한 논문이라고 칭찬해 주었다. 청중의 질문을 받아 답하는 서로의 자세도 진중하고 단정했다. 내 손녀가 좋아하는 단어는 '위로'라고 한다. 어루만져주는 느낌과 다시 일어설 힘을 받는다고 손녀는 마름했다.

나의 열여덟 살을 회상하며 지금 하고 싶은 것이 무엇인가, 역 인터뷰했더니 남자친구를 사귀는 것이라고 한다. 그래, 나의 열여덟 시절도 그랬으니까. 그룹 공부한다는 핑계로 공부

잘하는, 특히 수학을 잘하는 남자친구를 끌어들여 어울려 다녔던 때가 즐겁고 행복했었다.

요즘 세상은 그림자도 숨길 수 없나 보다. 작가라는 이름에 오르는 사이, 수학 잘했던 그 친구가 나를 찾는다는 연락이 왔다. 육십 년을 거스른다. 만년의 청춘을 구가하는 중에, 첫 번째 청춘이 소환되었다. 지금, 꿈을 꾸고 있는가. 호호 파파가 되어서도 만날 수 있다는 것을 상상이나 했을까. 또 한 번의 변태 체험이 선물이 되어 왔다. 이제 나이 들어 버겁고 두렵지만, 들여다보면 무엇이 보일까.

내 삶이 팔십 년을 헛 지낸 것 아닐 터이니, 첫 번째 청춘과 만년(晩年) 청춘이 맞부딪쳐도 너끈히 이겨나갈 것이리다.

# 거꾸로 쓰는 일기

연일 기온이 사람의 체온과 경쟁하듯 오르락내리락, 수건과 땀 닦기 내기를 한다. 과거의 사진이 잠시 더위를 잊게 한다. 초등학교 동창회의 동영상이 왔다. 6·25전란 이후 삭막한 엄동설한의 초라하고 어지러운 풍경이다. 우리 기수의 면면을 모아 꾸민, 누추한 행색과 찡그린 표정이지만 학교를 배경 삼아서 그런지 배움의 의지와 희망이 묻어있다. 누가 누구인지 알아볼 수 없게 세월은 65년을 훌쩍 넘어 흘렀다. 실루엣의 기억을 더듬어 대충 짐작이 되는지 동창들은 단체 카톡방을 부산히 들락거린다.

내가 결혼하여 고향을 떠난 후, 경찰관이 되어 돌아온 교회 오빠는 고택에서 홀로 지내는 안방마님인 나의 어머니를 돌보았다. 병약하여 물사발 하나도 제대로 들지 못하던 어머니. 교회 오빠는 근무시간을 뺀 나머지 시간을 고택에 홀로 남겨진 어머니를 지켜주었다. 시집 보낸 지 4년 만에 돌아가시면서 너, 나이 칠십이 넘으면 그 오빠 찾아서 인사하라는 언질을 주었다. 1년여 도움을 주었는데, 인사도 받지 않고 갔다며 감사한 마음과 아쉬움을 남기고 어머니는 눈을 감았다.

교회 오빠는 중학교 2학년, 나는 열두 살 첫영성체 하는 날 우리는 처음 알았다. 그 뒤부터 오빠는 일요일마다 성당 문 앞에서 기다렸다가, 내가 나타나면 함께 본당으로 들어갔다. 청소년 성가대를 하며 책을 나누어 읽고, 오누이처럼 지냈다. 상급학교에 가면서 흩어져 버린 열네 살 사춘기.

이제 내 나이 일흔아홉, 찾아보기에는 너무 늦어버린 것이 아닐까? 어머니의 유언 비슷한 부탁도 들어 둘 겸 생각나는 김에 찾아봐야 후회하지 않을 것 같다. 소식통을 동원하면 찾을 수 있을까? 여기저기 숫자 누르기에 바쁘다.

찾았다. 풀숲에서 바늘 찾기 같을 줄 알았는데 하루 안에 찾았다. 다음날 당장 우리 동네에 왔다. 육십오 년이 흘렀으니, 눈가의 주름살로 짓는 미소 말고는 아무런 흔적이 남지 않았다. 딸을 보낸 어머니의 걱정과 외로움을 덜어주고 싶었을까? 그 오빠의 마음이 자스민꽃처럼 뽀얗고 향기로웠다. 여전히 공손하고 겸손하고 멋지게 나이 들었다. 딸이 이 나이 되도록 살아 있을 것이라고는 상상 못 했을 우리 어머니.

오빠는 그런 일이 있었는지 생각이 나지 않는다고 한다. 그때의 어머니 사진을 보여주니 고개를 끄덕인다. 어머니의 유언

대로 점심을 대접하고, 나의 첫 번째 수필집에 사인해서 두 손으로 공손히 전했다.

생(生)의 절정기에 닿은 나이가 성정(性情)을 급하게 부추긴다. 지금 하지 못하면 안 될 일이 생각나 발걸음은 초침을 따르고 싶지만, 시간은 급한 마음을 팽개치고 달아난다. 노년의 무료함은 때때로 터질 것 같은 그리움과 고독으로, 가늠할 수 없는 공허함이 침입해 와서 단조로운 일상을 박살 내버린다. 그러던 차에 친구 찾기에 재미를 들였다. 보고 싶은 사람을, 은혜 갚을 상대를 어찌 다 만나보고 떠날 수 있을까마는 생각나는 대로 찾아 만난다. 내가 찾기도 했으나, 글을 쓰고 그림을 그리는 취미를 가졌으니 긴가민가하며 찾아 주는 친구가 더러 있다.

고향 마을에서 한 우물을 마시던 친구들의 모임도 있었다. 각자 알아서 살아가야 하는 세상에 이런 모임을 만들었다니, 겨울이면 차가운 손 녹여주고, 여름이면 땀방울 식혀주던 우물 맛이 생각난다. 이마 맞대고 물 마시던 친구들 잘 있겠지. 친척 아재가 만들어 삼십여 년 이어진다고 한다. 이거야말로 친형제를 만난 것에 진배없다.

요즘 거꾸로 가는 일기를 적고 있다. 과거의 사람들을 현재의 모습으로 만나 그 이전의 이야기를 되돌려 나누며 현실을 가꾸어가고 있다. 노년의 무료함은 추억으로 가는 열차에 타는 것이구나. 여러 가지 취미를 가졌었고, 그것에 빠져 미치다시

피 하던 때도 있었지만, 내 욕구의 삼 분의 일도 어림없다. 그리움은 그 사람을 만나야만 해결된다고 한다.

전업주부로 살다 작가가 된 나에게, 가끔 전혀 생면부지의 모인(某人)에게서 전화가 온다. 내 책을 구할 수 없으니 어떻게 해보라는 반가운 부탁이다. 그로 인해 다른 이야기를 또 만나게 된다.

# 인내(忍耐)의 뜰

- 그리움의 실루엣

첨단도시 빌딩 숲에 눈이 내린다. 하늘로 오를 듯 솟아 있는 빌딩이 비자나무로, 천년송으로 전나무로도 연상된다. 손바닥만 한 눈송이가 사뿐사뿐 침엽수에 내려앉아 쌓인다. 나이테가 불어난 나는 추억으로 흘러들고 내리는 눈발도 옛것이 된다. 눈이 내리면, 옛 그곳으로 들어가고 싶다. 종택의 한적한 별채에서 지낸 학창시절, 하교하면 외출도 친교도 제한이 있었다. 스스로 나의 거처를 '인내의 뜰'이라 이름 붙였다. 종가의 맏이로서 인고의 세파를 헤쳐갈 실습장, 수련장이었을까?

졸업한 지, 65년여 만에 모교를 둘러보았다. 하늘을 가리던 짙푸른 히말라야 시다(Himalayan cedar)! 삼각형으로 균형이 잡혔지만, 여러 그루가 날카롭게 늘어져 무섭게 어둡다. 눈이 내려 쌓이는 날이면 히말라야 시다 밑을 지나다 눈 벼락을 맞았었다. 100년 이상 버텨온 히말라야 시다는 더 자라지 않은 그대로 나를 맞아준다. 추억의 나무이지만 거칠고 친밀하지가 않다. 교사(校舍)는 현대식 건물이 되었다. 그 시절 비바람을 막아주었던, 쓰러져 무너질 것 같던 그 판잣집 교실, 미군이 주둔했던 양철 콘서트형 건물이 있던 자리를 가늠해 본다. 우리를 품어주셨던 선생님들의 모습을 기억 속에서 모셔 오려 했더니, 서너 분이 젊은 그 실루엣으로 서 계신다.

이날도, 히말라야 시다! 늘어진 가지에서 잔설이 날리는 듯 옛일을 맘 저리게 했다.

아파트 단지 놀이터에서 눈 놀이 하는 아이들이 두 세대쯤 되돌아간다. 패딩 점퍼를 벗었다. 검정 물감을 들이다 말았는지 거무스레한 무명 솜 바지저고리를 입고 나선다. 새끼줄을 뭉쳐 만든 공을 찬다. 더벅머리에 시커먼 귀마개, 구멍 숭숭 뚫린 빵모자를 쓴 코 찌리 어린 자연인이 된다.

그리운 '인내(忍耐)의 뜰'에 눈이 내린다. 그때는 섣달그믐께가 어이 그리 추웠는지, 이웃들의 온기로 뭉쳐 살지 않았을까. 서로가 어려운 살림이어서 모이는 것이 일상이 되었을까, 민족성이 따뜻해서일까?

세밑에는 동네마다 공동으로 돼지나 소를 도축했다. 그런 날 남자아이들은 돼지 오줌통 확보에 나선다. 그것을 얻어다, 깨끗이 씻고 물을 담아 짚으로 감싸 새끼줄을 칭칭 감아 족구를 했다. 공이 터지는 날엔 그 공을 맞은 아이는 고드름이 되었다. 여자아이들은 응원하며 누가 멋있게 차는지 기웃거린다. 시끄러운 소리에, 내가 대문을 열고 나가 열두 계단 위에 서면, 선수들은 하나둘 눈밭 족구장에서 떠나갔다.

서운하고 외로웠다. 아이들은 왜 나에게 놀이를 보여주지 않을까. 내가 싫은가?

나는 할머니들이 아니면 혼자 놀면서, 차츰 애어른이 되어갔다.

- 자존심을 깁스하다

일흔아홉 해의 삶을 현실적으로만 살아온 나에게 '낭만'이라는 단어는 멀리 있다. 눈이 내리려 하면 눈(雪)머리가 아프고 온몸이 쑤신다. 몸은 일기 예보관이다. 현실을 직시한다. 근력을 저축하려 물리치료 받고, 고작 강변을 걷는 것이 운동이다.

안양(2024년 11월 27일)에는 117년 만에 가장 많은 눈이 내렸다. 습(濕)을 많이 품은 눈이라 한다. 햇볕이 좋아 거의 눈물이 되었다. 건강한 척, 허리가 꼿꼿한 척 자존심 세우며 신호등 따라 건넜다. 비스듬히 꺾인 마(魔)의 자전거길에서 미끄러지고 말았다. 일으켜준 학생의 얼굴이, 첫 번째 미팅에서 만난 학생의 얼굴과 오버랩 된다. 나에게도 낭만 시대가 되돌아오는가? 곁에 나동그라져 신호가 울리는 전화를 받았다. "나 미끄러졌어." 하는데 멀리서 들려오는 그 목소리는 어릴 적 친구다. 내가 어디 사는 줄 알고 부르느냐, 빨리 아들의 전화번호를 말하라고 지방 사투리로 퉁명스럽게 다그친다. "얼굴은 못 보아도 목소리는 들리네.” 장난스레 대꾸하며 일어섰다. 마침, 병원에 가는 길이라서 다행히 신속한 처치를 받았다. 골절이 아니어서 3주 정도 깁스하면 된다고 했다.

다음날, 육십오 년 전에 헤어진 초등 동창모임에 갔다. 깁스한 오른쪽 팔이 무거운 줄도, 부끄러운 줄도 몰랐다. 오랜 세월이 흘러 알아볼 수 없는 얼굴들이다, 반가워하며 건강을 지켜 만날 수 있음을 서로에게 감사했다. 어려서 만났던 친구들이기에 스스럼이 없다. 남자친구들은 나와 대화할 수 있는 것을 신기해하다시피 했다. 담장 높은 집에 사는 까다로운 계집아이로, 말 붙이기 어려운 쌀쌀맞은 가시내로 기억하고 있었다. 하교하면 외출을 할 수 없으니 ‘얼마나 힘든 사춘기였을까’라고 이해해 주어서 다행이었다. 이제, 너희들과 손 맞잡고 있잖아 라며 너스레를 떨 수 있는 나이가 되었다. 골프에 푹 빠진 친구가 ‘골프 치느냐, 언제 한 번 라운딩 하자’고 한다. 골프채가 무거워서 그만뒀다고 농담했더니, “공주가 그렇지 뭐” 하며 놀린다. 태권도를 하는 친구는 평소에 운동을 해두었으면 낙법을 쓸 수 있어 다치지 않았을 거라 웃음을 주었다.

서울로 시집가며, 인내의 뜰을 벗어난 줄 알았는데, 다음 세월은 더 만만찮은 인내의 골짜기가 있었다. 내가 만들어가고 지켜야 하는 책임과 임무를 다해야 했다.

인내의 뜰에서는 지켜야 할 것이 많았고, 가릴 곳이 지천이었으나, 육친이 감싸주고 포근해서 공주처럼 살았다. 인내의 뜰을 떠난 지, 육십 년이 된다. 지난날의 추억을 곶감 빼 먹듯이 쉽게 먹고 살아야 하는지, 가슴에 안고 천상으로 돌아가야 하는지.

동생이 지켜주는 고향 집. 눈물 나게 그립고, 보고 싶을 때 언제나 가서 만날 수 있다. 내 청춘 '인내의 뜰'은 세파를 헤쳐 갈 자존감과 가문의 지조를 지킬 자존심을 길러준 요람이었다.

# 생솔가지에 불 붙이다

청담수필 교실에서 동문수학하는 두 분의 문우가 등단했다. 교실은 환호의 박수로 꽉 찼다. 의사인 최 박사님은 넘치는 기쁨을 감추지 못하고 말을 더듬었다. 우리는 또 한 번 빵 터졌다. 그는 이 순간을 얼마나 갈망했을까, 몇 주가 지나도록 즐거운 기운을 온몸에서 뿜어냈다. 덩달아 우리 교실도 화기애애했다. 그의 작업 열정은 수학하는 내내 번뜩였다.

두 분 작가는 전문직업군(專門職業群)인 의사와 교사이다. 기초가 탄탄하고 자로 잰 듯한 환경에서 치열한 젊은 시절을 보냈기에, 작품이 반듯하고 심혈을 기울인 내면을 보이며 정돈된 글을 지어낸다.

나의 등단 시간을 되돌려 본다. 무덤덤한 표정, 분명 기뻤을 텐데 밖으로 터지지 못하고 안으로 기어드는 답답함. 축하받는 것도 멋쩍었다. 일련의 이런 행동이 지도해 주신 스승은 속이상하고 맘에 차지 않았을 것이다. 그러나 등단작이 실린 일백여 권의 문학지는 언제 소진되었는지 모르게 사라졌다. 쌓인 책 무더기에 답답했는데, 앞이 밝아왔다.

바늘허리 매어 못 쓴다는데, 내 등단의 기쁨은 짧은 수련 기간이었기에 정신 차릴 여지가 없었다. 생솔가지에 불붙이듯, 급하게 붙인 탓에 연기만 뿜어낸 격이다. 시상식 사진 속의 모습이 어정쩡하다. 활짝 웃었으면 좋았을걸. 기쁨을 그 자체로 즐기지 못했던 그 시간이 부끄럽고 아쉽다. 선생님은 가끔, 처음 만났을 때의 내 인상을 떠 올린다고. 그 모습으로 하여 나를 이해하셨을까.

첫 번째 책을 출간하였다. 설익은 나의 글은, 생솔가지에서 솔방울을 발견한 듯한 주제와 흩어진 기억을 줍고 추억의 조각을 이어 모으기에 부산한 모양새다. 의기소침한 표현과 정돈되지 못한 문장. 부끄러운 줄도 모르고 드러낸 무지함을 용기로 버무렸다. 득남했을 때처럼 벅찰 것이라는 축하의 말씀을 하시는 선생님께 제대로 인사를 전하지 못했던 그날도 생각난다.

나의 글 쓰는 행동은 다복솔을 어림짐작으로 베어내어 군불을 지피는 격이다. 타다 말다 연기만 피워 눈물 콧물 재채기까지 나게 한다. 어릴 때 할머니가 그랬다. 아궁이에 바람 잘 들고, 방고래 잘 뚫려 굴뚝에 바람 치지 않으면 생솔가지 군불 땐 방은 새벽까지 뜨끈뜨끈 하다고. 생솔가지도 어렵사리 불붙어 열기를 모아 타다 보면, 솔향까지 풍길 것이라는 위안을 받는다. 모여진 열기에 송진이 모여 불이 확 붙을 기회를 노리는, 늦깎이 작가의 푸념이 글이라 한다며 비웃을지 모른다. 작가의 자질과 자세가 다듬어지지 않은 상태에서 이루어낸 일이기에 어설프기 짝이 없다. 물론 나이 든 뒤의 등단과 시간에 쫓기는 글쓰기가 문제이지만, 선생님의 지도와 내 노력의 끝은 있을 것이라 믿어본다. 글 쓰는 작업이 나이가 들었기에 힘들 수 있지만, 결과물이 되어 나오면 노년을 지키는 모인(某人)들은, 실눈 사이로라도 희망의 불씨를 볼 수 있으리라는 열망이다.

생솔가지 등에 지고 인생 고개 오를 때는 버겁고 아득했다. 이제사, 방고래 데우려는 자세가 어줍다. 타다, 말다, 희망과 절망을 타고 넘을 때, 눈물 콧물 흘리며 불꽃이 일어나기를 솔가지로 풀무질하며 갈망한다. 이윽고 타오르는 불꽃에 탄성을 올린다. 타고 타서 올라가는 불꽃이 내 인생의 꽃이었다고, A4 용지에 손가락으로 눌러 찍는 행위가 얼마나 나를 선명하고 맑게 하는지 알게 되었다.

육십 년 만에 만난, 동창생 철학자가 다른 친구들의 이런저런 인생 평을 해주더니 나만 보류했다. 두 번째 만났을 때, '너는 참 좋은 선택을 했다. 대부분 자기의 타고난 운명을 자신은 모르고 있다. 너는 타고나기도 잘했지만, 그 운명의 삼각주에 이르는 순간을 잡는 것이 복(福)이라고 하는데 네가 그것을 잘 잡았구나.'라고 풀이해 주었다. 수필을 쓰기 때문에, 평정심을 가졌고 편안한 신수(身受)로 얼굴이 맑다는 평을 주었다.

인간의 길흉화복을 인간이 어이 알까마는, 팔십 년 가까이 살아온 얼굴에 인생의 성적표가 나타난 것일까. 그 친구는 내 인생의 생솔가지 타던 연기(煙氣)를 솔향으로, 문자로도 읽을 수 있었을 것인지.

# 박태기꽃

성당 건너편 안양 스타디움 정원, 흐드러진 벚꽃 나무 사이로 진분홍빛 무리가 얼굴을 내민다. 이 나무는 위로 쭉 뻗으면서도 무더기로 번져, 지주 나무그루 모양을 갖추었다. 꽃밥이 주렁주렁 탐스러운 꽃 송아리를 보니 아버지 생각이 났다.

"저 꽃이 일명 유다의 피야!" 했더니 친구는 눈이 둥그레지며 처음 듣는다고 한다.

나는 유교를 숭상하는 대종가의 종손인 아버지와 가톨릭 신자인 어머니의 맏딸로 태어났다. 그때, 그곳에는 개신교 회당이 하나 있었고 천주교성당이 없었다. 신실한 신자가 시골로 오려고 했을까? 아버지는 암묵적으로 어머니의 신앙을 인정하였기에 혼인했을 것이다. 어머니의 소장품에는 라틴어(일지도 모르는)로 된 성서와 일본어 기도문이 있었다. 금빛 십자가, 보석처럼 반짝이는 유리알 묵주와 흰 레이스 미사포는 내가 갖고 싶었다. 언젠가는 나에게 남겨주겠지, 하며 꺼내 보곤 했다.

6·25전쟁이 끝나자 고향에도 성당이 들어섰다. 어머니의 눈은 반짝였으나 할머니의 눈치를 보느라 꿈꾸는 눈빛만 간직했다.

전쟁통에도 소중하게 간직했던 어머니의 교적(教籍)이 분실되었다. 아일랜드 출신 본당 신부님께 교리문답을 영어 섞은 일본어로 찰고(察考) 하고서야 신자임을 인정받았다. 나는 열두 살, 팔월 십오 일 성모승천 대축일에 첫영성체를 하였다. 일요일이면 할머니의 눈길을 피해 성당에 가느라 애먹었다.

이년 후 할머니가 돌아가시자마자 어머니는 두 남동생을 세례 시켰다. 아버지는 일요일이면 삼 남매(三男妹)를 일찍 깨워서 주일학교에 보냈다.

6·25전쟁으로 몰락한 우리 집 정원, 귀한 정원수들은 도시의 식물원에 팔려가 군데군데 비어있었다. 박태기나무는 정원 구석진 곳에 반원으로 스크럼을 만들었다. 부활절이 다가오면 풍성한 꽃 타래로 유다의 배신과 죽음(Mt27-3,10)을, 반대편 울타리의 노란색 개나리는 부활의 희망을 알렸다! 암탉은 개나리 울타리 밑에 보금자리를 틀고 병아리들을 품속에 안았다.

우리 삼 남매의 술래잡기 놀이에, 막냇동생은 개나리 꽃나무 뒤에 숨어 암탉의 졸음으로 끝까지 버텼다. 큰동생은 대문 밖으로 나가 찾을 수 없어 아웃! 나는 박태기 울타리를 의지 삼아 숨었다. 금방 들키고 마는 누나는 자주 술래로 잡혔다.

아버지는 박태기꽃이 '유다의 피'라는 별명을 가졌다며 '예수님의 수난기' 일부분을 설명해 주었다. 유다의 행실에 대해 '어떻게 했으면 좋았을까?' 하고 매년(每年) 물으셨다. 나는 우정(優定, 꽃말-友情), 박태기꽃(밥티꽃)에 마음을 주며 수치스러운 전설이 안타깝고 안쓰럽다고 했다. 그럴 때면 빙그레 미소 짓는 아버지 얼굴, 부녀는 서로 물음과 답에 만족하고 있었을까. '유다의 피'로 상징되어 피어난 박태기꽃, 나에게는 오늘날 회개의 교훈으로 남았으리까? 해마다 사순절을 맞으며 잘못된(한) 것 살피고 뉘우치라는데 난감하다가도, 어린 날 아버지와의 그 추억을 생각하면 어린아이가 된다. 그 힘으로 명오(明悟) 열린 이후에는 신앙을 지키려 노력하였다. 여고 2학년 때 가톨릭 신심봉사단체 소년 레지오에 입단하여 활동했다. 성인이 되어서는 강남 '바다의 별 꾸리아'에서 활동, 승격된 '바다의 별 꼬미시움' 직속 단원으로 50여 년의 활동을 마쳤다. 모태 신앙과 어린 날 받은 신앙교육을 원천으로 청년기와 장년기를 하느님 구원사업에 왕성한 원기를 보탰다.

나는 남주고사(南州高士) 고사정(高士亭) 종가의 16세손 장손녀이다.

천주교 집안 고학력 서울 출신 여성이 대종가에 들어와 종부되고, 나는 딸이 되어 어머니의 인도로 빛을 받아 하느님의 자녀가 되었다. 유교 숭상의 가문이지만, 하늘로부터 태어났고 하늘 아래 사람이니 어찌 하늘의 뜻을 받들어 살지 않으리까!

일흔셋 나이에 자원봉사를 접고, 문인대열 말미(末尾)에 들었다. 누가 알아주지도 않는 몰락한 가문, 집터와 '고사정'이라는 유산이 남아 명맥을 이어 간다.

유전자에 문(文)이 들어간 까닭에 글로서 고백하여 종이 표지석이라도 새기리라 결심했다.

# 기억의 쪽문

눈 내리는 밤 창가에 섰다. 머릿속을 하얗게 채우면 잠이 잘 오겠지. 웬걸? 눈밭을 뛰노는 아이들 고함, 멍멍 강아지 소리, 젊은 부부들의 즐거운 웃음으로 대신 채워지고 말았다. 하얀 바람 한 자락이 기억의 쪽문으로 살짝 따라 들어왔다.

진로를 고민하던 교복 시대의 마지막 겨울방학이었다. 우리는 하숙집을 정리하고 기차로 등하교를 했다. 과외수업을 마치고 막차로 온 그날은 그 겨울 들어 가장 많은 눈을 선물 받았다. 그 눈이 추억 하나를 덤으로 주었다. 역에서 집까지의 거리는 2㎞. 딱 걷기 좋은 길이라고 어른들은 말했다. 가야 할 방향이 같은 D와는 함께할 수밖에 없었다. 발목까지 빠지는 눈을 헤치며 걸었다.

기차가 지나간 뒤 눈이 쓸리어 까맣게 뻗어가는 두 갈래 철로. 나란히 객차를 밀어주고 끌 수는 있으나, 아무리 멀리 가도 서로가 만나질 수 없는 철길. 그 길을 표지 삼아 집으로 가는 동행. 그날그날 치른 시험 문제의 오답을 명기하며 몇 점이나 되는지 대조하면서 그 겨울을 보냈다.

행랑채 할아버지가 매일 밤 마중을 나왔다. 나이가 들어서 밤눈도 어두워지고 기력이 없어서 쪼그라드는 모습에 내가 더 힘들었다. 집에서 생긴 자질구레한 사건들을 보고하여 정신을 어지럽게 했다. 내심 든든한 D가 나를 보호해 줄 것이라 믿고, 할아버지에게 마중을 그만하라고 했다. 믿음처럼 겨우 내내 D의 보호를 받으며 나란히 걸었다. D의 집은 우리 집을 지나 십여 분 더 가야 했다. 우리 집이 가까워지면 헤어질 만도 한데 그는 어둡다며, 철길을 내려서 논두렁길을 앞서 걸었다. 무서운 귀신 얘기로 교복 뒷자락을 움켜쥐게도, 장난꾸러기 시절 이야기를 하며 집 앞까지 데려다 놓았다. 무심하게 '잘 가' 하고 본체만체 뛰어 들어오곤 했던, 그 밤 그림자가 기억의 쪽문에서 서성거린다.

우리의 불투명한 미래를 겨울 벌판의 쌓인 눈과 어둠이 대변해 주던 밤. D와 나 청춘의 색깔은 온 데 간데 모르는 무채색. 어느 공휴일에 '나바론 요새'라는 전쟁을 주제로 한 영화 한 편을 본 기억이 어렴풋하다.

눈 내리는 이 밤, D는 그 추억을 기억이나 할까? 사관학교에 가겠다는 마음을 보이기는 했는데, 육십여 년이 지나는 동안 종무소식이다.

햇빛 좋은 한낮, 개구쟁이 눈사람과 빨간 모자를 쓴 눈사람이 땀을 뻘뻘 흘리면서도 웃고 있다. 이곳에 이사 온 지 4년이 되었는데 아직도 낯설다. 바람은 한결같고 고향의 눈발이나 타향의 눈발이나 다 하얗고 포근한 감촉은 매한가지일 터. 청춘이나 장년이거나 감정의 흐름은 한 결일 텐데. 나이테가 늘어나서 감정이입이 느려진 것일까. 나이가 들어 행동이나 생각이 굼떠진 것은 세상에 연민의 뿌리가 깊어서일까. 널리 뻗어 나간 잔뿌리들이 많아서이기도 할 것이다. 그래서 걸음이 더디어지며 세상 끝날을 자기도 모르게 외면하려 하는지도 모른다. 현재 생명을 가졌다는 명주실올 같은 자존심일까.

흰 눈발은 어느새 햇빛 뒤에 숨어버렸다. 나보다 위의 연배 언니들이 비타민 D를 만나러 나온다. 느리게 걸어와서 굽은 등으로 키를 재며 앉는다. 어린이 놀이터 가장자리 반원의 벤치에 노(老)치원을 꾸몄다. 세월의 흔적으로, 운명으로 잘 차려입은 황혼의 여인들, 마치 철 잊어 피어나는 석양에 비친 볼붉은 울타리 장미와 닮았다.

몇 달 전 D의 친구에게 그의 소식을 물었다. 동창회에 연락해서 찾아 주겠다고 했으나, 순천에서의 행적을 끝으로 흔적이 없다 한다. 눈 오는 밤 어른거리던 추억이 스르르 녹아내리며, 소년 모습의 D가 비타민 D와 얼버무려진다.

# 영혼으로 깁는 봄

청담수필 문학기행이 춘계(春系)의 쪽문을 열어 주었다. 폭우를 가르며 가는 길이었지만, 그 출발에 내 맘이 설렌다. 비는 나에게 활기를 주고 마음을 춤추게 한다. 조금 특이한 성격이다. 소녀 시절 비만 내리면 우비 챙겨, 온 골목길 오솔길을 산책했다. 어른들은 내 머리가 조금 이상한가, 했으나 아버지는 우리 딸은 시인이 될 거라고 할머니를 안심시켰다.

연로한 문우(文友)를 태우고 달려야 하는 막내 글동무 손 가브리엘은 부담이 되었겠지만. '가브리엘'이라는 천사의 이름을 받았으니 그는 천사이다. 차창의 와이퍼는 바쁘게 비의 눈물을 밀어내며 안개 내려 신비롭고 몽환적인 정경(情景)을 보여준다. 지금 지나는 곳은, 전라남도 무안군 몽탄면이라 안내한다. 무안 회산백련지에서의 한 컷은 비를 좋아하는 나에게는 최상의 그림이다. 까만 우산을 받쳐 들어 빗줄기가 선명하게 찍혔다.

청바지가 무릎까지 젖어 종아리가 시리고 무거웠으나, 이 빗속의 환희를 누가 주었나!

촉촉하고 차분한 밤, 마음 달래기 시간 '마음 노트'라 명명한 회장님의 재치에, 마음이 차분하게 가라앉아 깊은 한숨과 결의를 풀어냈다. 몇 십 년 마음에 숨겨두었던 봄과의 숨바꼭질, 그 밤에 그 봄을 찾아냈다. 이미 몇 십 번째의 봄이 기웃거렸으나, 진정한 나의 봄을 끌어내지 못하고 주저했던 젊은 날. 그러니 맘껏 누리지 못한 것은 당연하다.

그 친구를 본 것은 열예닐곱 봄, 떠난 날도 봄바람이 매화의 긴 속눈썹 탐하는 스물 예닐곱 봄날이었다. 공교롭게도 질척질척 봄비 맞으며 찾은 첫 번째 방문지도 그 친구의 모교이다. 그 친구와 날마다 봄빛처럼 황홀하게 뛰놀면서도 공부는 더 잘했었는데.

안타까운 봄을 감자 쪽 심듯 묻었을까? 지금은 씨감자로 파종하지만, 그때는 싹 눈을 쪼개어 심었다. 감자 쪽은 얼마나 아팠을까? 아파하지 말라며 볏짚 태운 재에 굴렸겠지. 1973년 봄바람 차가운 날, 감자 심는 날이었다. 봄바람은 매화 봉우리 희롱하고 운명은 나를 비웃었다. 그 친구 보낸 지 얼마나 되었다고 어머니마저 앗아갔나.

어머니의 부재로 출가외인이 종부의 역할을 해야만 했다. 백일이 지난 아들과 텅 빈 종택에서 어둡고 두려운 날을 보냈다. 나의 20대 후반을 사자(嗣子 상속자) 역할을 하며 어머니의 고독

했던 짧은 생을 심신으로 받아 안으며, 영생을 위한 기도로 나날을 보냈다. 안방마님의 역할이 외롭고 힘들어 날마다 후배 친구들을 불러들였다. 아기도 돌보아 주고 찬거리도 마련해 줘서 친동기간 같았다. 아버지가 고향에 개교하는 여학교의 초대 교장으로 오게 되어 새어머니를 얻었다. 출가외인의 억지 종부 역할은 끝이 났다.

황홀하고 화려하다는 봄, 열정의 극치라는 여름을 지나, 열매의 계절이 끝나고 첫돌이 된 아들을 안고 서울의 내 집 울안에 들었다.

친구를 보냈고, 같은 해 같은 계절에 어머니를 잃은 찬란한 봄은 나를 아프게 해놓고 숨어버렸다. 끝 간 데 없는 상실의 시간이 망각으로 덧씌웠을까. 나의 봄은 어디로 갔는지 온 데 간 데 몰라 찾을 줄도 몰랐다. 아니 찾을 생각조차 잊힌 채 몇십 년을 외면하며 살았다.

사랑하는 사람의 말은 기도로, 기적(?)으로 오는가, 그를 보낼 때 '육십 년 후에나, 보아라' 하던 유언인지 위로인지 가늠 못 할 어머니의 목소리가 들리는 듯하다. 어머니의 말처럼 한 갑자 지나서야 돌아온 그 친구의 얼굴, 웃을 때만 보였던 눈가 주름이 가만있어도 보인다. 자글자글한 서로의 모습으로 현실을 인정하고, 한 번의 조우로 끝을 냈는데, 왜 오누이처럼 낯설지 않을까? 그러나 새로운 격정으로 시절(時節) 지난 가슴앓이로 쓰리고 적막했다. 때로는 흔들리다, 파도치다, 밀려오다

떠밀려갔다.

댕강, 생각만 남은 세월, 부스러진 봄의 조각을 이어 붙여 천국 여정에 노자 삼아야지, 내 가진 기도의 힘으로 귀한 우리 영혼의 봄을 깁기로 했다. 서로의 가정을 축복하고 같은 마음으로 이어지기를 기도하며 영혼에 고리를 걸었다. 서로 영혼 깁는 인연이었나, 봄 조각이 이어지며 잔잔하게 미소 짓던 시절로 간다.

순수했던 봄, 그대로를 우리는 지켰다. 주름살에 비추는 봄빛! 청춘에 내렸던 햇살보다 더 은혜롭다.

# 살풀이춤

햇살이 물비늘에 비쳐 이루어내는 한 컷을 찍었다. 순간순간 다르게 변하는 빛의 신비에 황홀해져 찰각찰칵 경쾌한 손놀림을 자주 했다.

편집한 사진 중에 곱게 빗은 머리 쪽 짓고, 함초롬하게 소복단장, 명주 베를 필(縪) 채 펼쳐 날리며 춤을 추는 듯한 영상이 두드러진다. 왜 이런 사진이 찍혔을까?

요즘 내 속에 든 일흔아홉 자화상이 살풀이춤을 추는가?

한 갑자 지나서 온
잃어버린 세월을 환희로 덜컥 받아
불꽃 춤을 추었네
뉘 볼까 부끄러워
잦은 숨결 가락 맞춰
인연이라 착각했네

허망한 춤사위 그 고통 모를 리야
좋은 인연 내 안에서 빛난다는 그 소리에
그래 너의 승리다
두 손 들어 승복했네
맑게 바랜 빛난 소복 열두 폭 치마폭에
휘둘리는 춤사위 속
이별하던 인연이
명주 수건 날개 되어
살풀이가 되었네
물비늘에 방울지는 내 그림자 바라보니
구차하고 초라한 일흔아홉 자화상
그래도 아쉬워서
찰칵
기도하는 모습이네

사진이 찍힌 날 적어두었던 '일흔아홉 자화상'이라는 넋두리다.

사람은 사람을 만나서 좋은 인연으로 잘 살아가야 하느니, 항상 좋은 마음으로 좋은 인연이 되도록 운명의 관계를 풀고 가야 한다는 것이 그 시절, 대 종부인 우리 할머니의 신앙이었다. 정월이면 당집 아낙을 불러다 한 해, 시작의 살풀이를, 섣달이면 마무리의 살풀이를 했다. 할머니들은 내 손금을 볼 때마다 가우뚱했다. 그래서 살풀이를 자주 했나?

깊은 시골 종택에서 청소년기를 보냈다. 종가의 고명딸이니 하지 않아야 할 조건이 많았다. 보는 눈이 많으니 담 높은 집에서 외출이 제한되었다. 하교하면 '인내의 뜰'이라 이름 지어 놓은 집안에서 지냈다. '인내의 뜰'은 인고의 시간을 이길 수 있는 자존감을, 종가(宗家)의 지조를 길러주었다. 제한된 공간에 살면서도 파랑새를 만날 수 있었으니, 나는 금기사항을 깬 것이다. 녹두꽃 같은 여고 시절, 신학기 주말 본가에 오는 날이었다. 운명의 파랑새를 만났다. 그는 빛나는 파랑새였다. 서로 일치점이 있었는지 매듭지어 우편함을 부여안고 지냈다. 그러다 인연의 매듭은 끊어지고, 의미와 형체가 사라진 인연을 파랑새라 묻어두고 까맣게 잊고 살았나 보다. 뼈와 살이 맞붙어 깡마르고 굵은 핏줄이 시퍼렇게 비치는 저승꽃 만발한 손, 숨어버린 파랑새가 거기에 비친다. 그 파랑새는 나의 유일한 청춘 예찬이었다.

함께 맺은 인연을, 파랑새는 빛으로 간직했다 한다. 육십여 년이 지나, 백수(白鬚)가 되어 나타났다. 빛이 어둠을 비추러 왔다는데 맑고 밝은 빛이라 눈이 부셔 혼란스럽다. 이래도 되는 것일까. 서로가 별 탈 없이 강건(剛健)한 가정생활을 유지했고, 전생애(全生涯)를 마무리할 단계이니 맺어둔 매듭은 풀고 가야겠지. 현실은 이해되지만, 상황은 대처하기 힘들었다.

손수 찍은 영상을 보고 내 팔자의 변(辨)을 기억하다니, 당해야 할 일은 맞닥뜨리고 마는 것인가, 매듭진 인연은 세상 뜨기 전에 만나서 풀고 가야 할 일인가? 꼭 이 한 가지가, 본인들이 만나서 같이 풀고 가야 하는 살풀이였나 보다. 그냥 물결을 찍은 영상이지만 살풀이춤을 추고 있다니, 왜 이렇게 오묘한 시점인가. 기도의 응답일까, 믿음의 현시(顯示)일까?

혼자서 살풀이춤을 춘다 한들, 둘이 맺은 인연의 매듭을 풀어갈 수 있을까? 이런 영상이 찍혔다는 것을 신비(神祕)라 여길 수밖에 없다. 그는 순수한 정을 60년 동안 빛으로 간직했다며 신호를 보냈으니까. 그 빛이 살풀이로 온 것인가. 하니 맘속 깊이 숨은 파랑새는 나에게 이 글을 쓰게 하였나 보다.

추억의 한 꼬투리라도 잡고 싶어서 지난여름, 고향 집에 갔다. 꽃담에 흐드러진 능소화가 반겨주었다. 지금도 '인내의 뜰'에는 능소화가 우편함을 끌어안고 있다.

# 기억의 공간

우리의 몸이 수(壽)를 다해서 흙으로 되돌리려면 토질이 좋아야 십 년이고, 이십 년은 족히 되어야 한다고 한다.

흙에서 기른 것이 우리 몸을 키워주고, 흙과 함께 살아가다가 종국에는 흙과 한 몸이 된다. 우리는 이미 흙의 가치를 알았기에 삶의 터를 넓히고 유택마저 미리 잡아놓는 데 급급한가.

유택, 음택, 사람이 마지막으로 소유하는 공간, 후손들이 기억해야 할 선조들의 공간이니 소홀히 할 수가 없다고 한다. 후손들은 선영 음덕으로 살아간다고 믿었으니 더욱 그럴 수밖에 없다. 선조들 기억의 공간이 현재까지 다 남아있다면 우리는 어디에서 살고 있을까?

선조들의 공간은 스스로 움직이지 않는다. 후손들이 살피고 손을 쓰지 않으면 셀프는 없다. 후손들은 계속 앞으로 나아가기 위해 공간이동을 할 것이다. 그것이 생명을 이어가는 방편이요, 재산을 늘리는 방식이다. 살아 있는 동안 이 땅을 활용할 권리와 의무이기도 하다. 개발이라는 새로운 논리로, 환경정리라는 이유로 현실 앞의 공간을 허물고 묻어버린다. 경제적 논리로 과거를 무너뜨리고 효율적인 것을 세운다고 부풀리며 짓고 있다. 언젠가는 내 기억의 공간도 그렇게 될 것이라고는 생각하지 못한 채 멀리 와 있다.

내가 서 있는 이 아래 더 그 아래에는 기억의 공간이 밀려내려가 쌓여있다. 다음 세대를 살리는 유기물이 되어 나를 받쳐 주고 있다. 나도 머잖아 밑으로 아래로 내려갈 것이다.

'모든 생물은 자연이 허락한 시간만큼만 존재하다가 사라진다.' 한다. 자연의 섭리, 공간소멸의 자연현상 없이 생성만 있다면 다른 별을 찾아 유랑을 떠니야 할 것이 아니딘가. 아니면 인류 자체가 공멸하지 않을까. 이 공간이 내 것인 양, 살고 있지만 실은 내 삶을 담보로 임대받아 사용하고 있을 것이다, 요즘은, 잔디 봉분을 파하여 가족 납골당으로 짓는 문중이 많아졌다.

우리도 이번에 그 일을 하였다. 선대에, 명당이라 하여 여러 곳에 모셨던 유택을 정리하여 고향본가의 가까운 산으로 모셨다. 현대식 납골당도 좋겠으나, 큰 돌에 항렬(恒列)대로 치적을 간추려 정리하여 새겼다. 함께한 후손들의 인적상황(人跡狀況)을 함께 기록하여 선대가 실재(實在)하시는 듯 기리며 유택 앞에 편편이 세웠다. 손자들이 선조(先祖)의 치적비를 한 본씩 끌어안는다. 비석아파트라며 친근감을 표현했다.

요즘 세대는 개인적인 공간을 주요시한다고 한다. 통신망에서도 여럿이 또는 일대일의 방을 만들어 소통한다. 집에서도 각자의 방을 가졌으면서도 또 따로 떨어진 공간이 필요하다고 한다. 그것이 오피스텔이거나 필요불가결한 자기만의 자동차이다. 떠나고 싶으면 홀연히 갈 수 있는 공간이동의 극치(極値) 자동차 공간.

자기만의 기억을 저장하고 함께 이동할 최상의 공간. 그들이 모이면 공동체의 큰 힘이 될 것이라 믿어도 될까?

나는 '출세'라는 말을 그다지 우선시하지 않았다. 너는 가문이 좋아서 그렇다고 비난도 받는다. 몸에 밴 자존감일 수도 있을 것이다. 그게 그냥 이어지는 것인 줄 알았으니까. 큰 오산이었다. 자신의 노력 없이는 그것을 자자손손 이어갈 수 없다.

종가에서, 선조의 기억 위에 버금가는 기억을 쌓아야 한다고 배웠다. 족보의 기록에 어느 대에 살았었다는 기억으로 만족할까. 선대의 족적(族籍)은 기억의 페이지에 남아, 후손에게는 자긍심의 기둥이 된다. 기억과 기록은 인류 발전과 문명을 이어주는 가교(架橋)이다.

기억은 기록할 때 공간을 채운다. 무한대의 공간을 채우고 채워서 대를 이어 역사가 된다.

고향에 다녀온 친구들이 하는 말이, 고향의 모습을 찾을 수 없는 것은 물론 살았던 옛집이 흔적도 없이 사라져서 허망했다고 한다. 군청을 방문하여 지적도를 발급받아 헤맸다고 서글퍼한다. 나는 선견지명이 있었을까. 서울 직장에서 요직을 돌던 동생을 대종손이라는 이름을 일깨워 종택으로 보냈다. 오랫동안 원망을 듣고 있지만, 친정 가문의 맏이로서 종손의 길을 이끌어 보낸 것은 잘한 선택이었다. 선대와 후대를 아우르는 법을 보고, 실행해 볼 수 있도록 이끌어야 한다는 생각이다. 조금이나마 전자기기에 찌든 후손의 머리를 식히고 고향의 정서를 느낄 수 있도록 정신 건강에 일조했다고 믿는다.

천리(千里)를 달려 고향에 닿으면 교통편을 외면하고 우뚝 선 회화나무를 바라보며 걷는다. 그곳이 꿈을 키운 요람이었으며, 기억을 기록할 자유공간을 마련할 뜻을 알려주었으니까.

# 등나무와 지빠귀

등나무 그늘 벤치에 여인들의 환담이 무르익는다. 지빠귀 한 마리가 한 여인의 머리 위에 앉으려 한다. 옆을 지나다가 그 지빠귀를 쫓았다. 이런 일이 자주 있었다며 쉬어가라 한다. 자세히 보니 그 여인의 머리 바로 위에 등나무 콩이 여물어 주렁주렁 늘어져 있었다. 등나무 그늘은 여인들에게는 '등꽃 향기 카페'이며 지빠귀에게는 허기질 때 들르는 레스토랑이랄까?

수다쟁이 지빠귀가 친구 하고 싶어서 온 것이라고, 나의 상상을 덧씌워 한마디 했더니 하하 치며 좋아했다. 동네에서 만나는 지빠귀는 우리의 수다에 끼어들려는 듯 산책길에서 만나면 쉰 소리로 아는 체한다. 이곳에 이사 온 후, 외로워서 시무룩해 있었는데 조금 사납게 깍깍대지만 나에게 힘을 준다.

내가 산책하는 제방 비탈에 가득 핀 등나무꽃이 향기를 뿜어낸다. 주어진 조건에서 야트막하게나마 무성하게 자라 꽃피워 향기롭다. 땅이 좁다며 얽히고설킨 넝쿨은 은행나무를 지지대 삼아, 꼭대기에서 대롱거리고 있다. 향기를 더 멀리 보내 벌 나비를 부르려는 것일까? 그에 답하려 뿜어대는 꽃향기에 후각을 맡기고 흔들리는 보랏빛 꽃송이 따라 일렁이다 집에 왔다.

현관에 들어서니 흐드러지게 핀 등나무꽃과 지빠귀가 들어앉은 그림이 나를 맞아 준다. 20여 년, 그림으로 소통하는 중국인 친구가 있다. 중국 화가들과 교류전을 하면서 각별해졌다. 하남성(河南城)의 유명한 화가 조미금(趙美錦), 그녀의 그림이다.

한 해 걸러서 거행되는 한중서화전을 우리나라에서 주최하게 되어 그녀가 온다는 연락이 왔다. 전시회 당일 빨리 만나고 싶은 마음이어서인지, 한 정거장 앞서 내렸다. 9호선은 새로 개통되어 처음 이용하는 역이라 방향감각을 잃어 어리둥절했다. 지나는 여인과 눈이 마주쳐 전시장으로 가는 출구를 물었다. 여인도 통역사와 같이 가는 길이라고 했다.

전에 중국에 갔을 때 받은 선물의 답례품도 준비했기에 통역이 필요했다. 두 나라 언어의 공통분모인 한자(漢字)를 알아서 다행이었지만, 만날 때마다 필서(筆書)로 하는 소통이 답답했다. 한동안 중국어를 열심히 배웠다. 한문을 배운 세대이기에 잘할 수 있어서 재미있었다. 한참 실력이 늘어 갈 무렵 멀리 이사를 하게 되어 배움의 끈이 떨어져 버렸다. 일상에서 자주 쓰지 않으니까 시들해 버렸다. 1년에 한 번은 꼭 필요해서 아쉽다.

중국 화가들은 대작을 가지고 왔다. 백여 평이 넘는 전시장 벽을 꽉 채웠다.

유명 작가가 아닌 나는 2분의 1 전지에 대나무를 간결하게 현대풍으로 묘사했다.

'秋風'이라고 간결한 화제를 썼다. 어느 분이 내 그림을 선택해 갔다는 전갈이 왔다. 흰 머리카락처럼 바슬거리는 붓으로 그린 그림도 인정받았다는 짜릿한 기분을 받는다.

조미금 화가는 중국형 미인이다. 윤곽이 또렷하고 뽀얀 얼굴에 미소는 그림처럼 예쁘다. 주로 본인을 닮은 미인도를 그린다. 이번에도 전지에 미인들의 표정을 묘사해 왔다. 화폭의 인물에 본인의 자신감이 묻어 있다.

趙 화가와 친근한 인사를 하고 '니 하오' '감사'만 연거푸… 통역을 앞세워 깊은 마음을 전하고 선물교환을 했지만 끝내 안타까움이 남았다. 나는 서울에 살지 않아서 리셉션 참석을 뒤로하고 헤어졌다.

그녀가 이번에 선물한 그림은 '등나무와 지빠귀'이다. 색스러운 순지(純紙)에 반추상으로 채색을 넣어 담대하고 화려하게 펼쳤다.

등꽃의 꽃말은 '환영'이라고 한다. 내 집에 오는 손님이 가려서 오는 것은 아닐 것이다. 오는 것들을 반갑게 맞아들이고,

혹여 좋지 않은 기운이 온다면, 나에게 와서 좋은 것으로 바뀌면 될 것이다. 현관문을 열면 바로 보이는 복도 벽에 걸었다.

집에 들어갈 때 '등나무와 지빠귀' 그림이 보이면 밖에서 쌓였던 피로가 싹 풀린다.